中国石油：价值引领型社会责任管理

《中国石油：价值引领型社会责任管理》编写组 编著

企业管理出版社

图书在版编目（CIP）数据

中国石油：价值引领型社会责任管理 /《中国石油：价值引领型社会责任管理》编写组编著. -- 北京：企业管理出版社，2023.1
ISBN 978 – 7 – 5164 – 2707 – 1

Ⅰ. ①中… Ⅱ. ①中… Ⅲ. ①中国石油天然气集团公司 – 企业责任 – 社会责任 – 研究 Ⅳ. ①F426.22

中国版本图书馆 CIP 数据核字（2022）第 165180 号

书　　名：	中国石油：价值引领型社会责任管理
书　　号：	ISBN 978 – 7 – 5164 – 2707 – 1
作　　者：	《中国石油：价值引领型社会责任管理》编写组
责任编辑：	徐金凤　田　天
出版发行：	企业管理出版社
经　　销：	新华书店
地　　址：	北京市海淀区紫竹院南路 17 号　邮　　编：100048
网　　址：	http：//www.emph.cn　电子信箱：emph001＠163.com
电　　话：	编辑部（010）68701638　发行部（010）68701816
印　　刷：	河北宝昌佳彩印刷有限公司
版　　次：	2023 年 1 月第 1 版
印　　次：	2023 年 1 月第 1 次印刷
开　　本：	710mm×1000mm　1/16
印　　张：	9.75 印张
字　　数：	126 千字
定　　价：	59.00 元

版权所有 翻印必究·印装有误 负责调换

总　序（一）

感谢读者朋友们对中央企业社会责任管理工作、对中央企业社会责任管理之道丛书的关注与支持！

企业在自身发展的同时，应该当好"企业公民"，饮水思源，回报社会，这是企业不可推卸的社会责任，也是构建和谐社会的重要内容。大量事实证明，只有富有爱心的财富才是真正有意义的财富，只有积极承担社会责任的企业才是最有竞争力和生命力的企业。重经济效益、轻社会效益的企业，只顾赚取利润、不顾安全生产的企业，终究难以持续。这一重要论述充分阐明了履行社会责任对企业可持续发展的重要意义。

国有企业是中国特色社会主义的重要物质基础和政治基础，是党执政兴国的重要支柱和依靠力量。中央企业大多处在关系国家安全和国民经济命脉的重要行业和关键领域，在我国经济社会发展中发挥着不可替代的重要作用，履行社会责任可谓中央企业的"天职"。经过多年改革发展，中央企业的规模不断扩大、活力不断增强、创造力不断提升，在履行社会责任方面更应走在前列、做出表率。

多年来，一大批中央企业大力开展社会责任工作，不仅做到了实践上有亮点、理论上有创新，同时，还实现了形象上有升级、管理上有提升，形成了丰富多彩、成效显著的企业社会责任管理推进路径和做法，

中国石油：价值引领型社会责任管理

具备总结形成管理模式的条件。中央企业通过践行社会责任，走上与社会共同可持续发展之路，为我国全面建成小康社会和联合国2030可持续发展目标做出积极贡献；也通过对企业社会责任管理的不断探索，在丰富全球企业管理理论方面做出了自己的独特贡献。

我们出版这套中央企业社会责任管理之道丛书，希望通过适时总结、分享中央企业的社会责任管理推进模式，起到以下几个方面的作用：一是通过系统总结分析，进一步推动中央企业提升社会责任管理工作；二是支持中央企业成为全球履行社会责任的典范，服务于建设"具有全球竞争力的世界一流企业"；三是为中央企业参与全球市场竞争奠定基础，成为高质量共建"一带一路"的表率；四是为其他企业开展社会责任管理工作提供有益借鉴，为全球可持续发展贡献来自中国企业的最佳实践经验。

2020年，丛书选取国家电网、中国建筑、华润集团等中央企业为代表，总结了这些企业各具特色的社会责任推进模式，出版了《国家电网：双向驱动、示范引领型社会责任管理》《中国建筑：品牌引领型社会责任管理》《华润集团：使命驱动型社会责任管理》。

2021年，丛书选取中国核电、国家能源集团、中国三峡集团为代表，出版了《中国核电：公众沟通驱动型社会责任管理》《国家能源集团：可持续驱动型社会责任管理》《中国三峡集团：初心引领型社会责任管理》。

2022年，丛书选取中国石油、国投集团、中交集团、中国广核集团为代表，出版了《中国石油：价值引领型社会责任管理》《国投集团：责任投资驱动型社会责任管理》《中交集团：愿景驱动型社会责任管理》《中国广核集团：使命引领、透明驱动型社会责任管理》。

我们期待丛书的发布能够搭建中央企业社会责任管理交流的新平台，推动中央企业社会责任管理迈上新台阶，助力中央企业立足新发

总序（一）

展阶段、贯彻新发展理念、构建新发展格局，通过全面、系统、科学履行社会责任，加快实现高质量发展！

中央企业社会责任管理之道丛书编委会
2022 年 9 月

总　序（二）

企业社会责任已成为新一轮经济全球化的重要特征。自 20 世纪初以来，全球企业社会责任的发展经历了 20 世纪 70 年代之前企业社会责任概念产生阶段，20 世纪 70 年代后至 20 世纪末的企业社会责任欧美共识阶段，21 世纪初至今，企业社会责任进入全球共识阶段。

2000 年以来，企业社会责任在中国发展迅速。中国企业社会责任的发展由概念辩论走向基本共识，进而发展到企业社会责任管理阶段，与全球企业社会责任管理实现了快速同步。

2000—2005 年是现代企业社会责任概念的辩论阶段，社会各界对企业履行社会责任问题还处在概念辩论的时期。2006—2011 年是中国企业社会责任基本共识阶段。在这个阶段，中国全过程参与社会责任国际标准 ISO 26000 的制定，并最终对 ISO 26000 投了赞成票。这个赞成票是在参与制定 ISO 26000 的六个利益相关方群体意见基础上最终决定的，也是中国企业社会责任发展的利益相关方第一次全面达成共识。2012 年以来，中国企业社会责任管理实践蓬勃发展。

2006 年和 2012 年是中国企业社会责任发展的两个重要里程碑。2006 年可称为中国企业社会责任元年，其重要标志是新修订的《中华人民共和国公司法》明确提出公司要承担社会责任。国家电网公司首份社会责任报告得到了中央领导的批示和肯定。2012 年可称为中国企业社

中国石油：价值引领型社会责任管理

会责任管理元年，其重要标志是国务院国有资产监督管理委员会（以下简称国务院国资委）将社会责任管理列为中央企业管理水平提升的13项重点措施之一，企业社会责任管理成为提升中央企业管理水平的重要内容。自此，中国企业社会责任进入社会责任管理发展的新阶段，众多中央企业开始了丰富多彩的企业社会责任管理探索和实践，打开了各类企业从履行社会责任到系统开展社会责任管理的新篇章。

企业社会责任管理

一般来说，企业社会责任管理是指企业有目标、有计划、有执行、有评估、有改进地系统性开展社会责任实践的活动；具体地说，是企业有效管理其决策和活动所带来的经济、环境和社会影响，提升责任竞争力，最大化地为利益相关方创造经济、环境和社会综合价值作贡献，推动社会可持续发展的过程。企业社会责任管理包括社会责任理念管理、生产运营过程的社会责任管理及职能部门的社会责任管理。企业社会责任作为一种发展中的新型管理思想和方法，正在重塑未来的企业管理，具体体现在重塑企业管理理念、管理目标、管理对象和管理方法等方面。

重塑企业管理理念。企业将由原来的股东（投资人）所有的公司转向由股东和其他企业利益相关方共同所有的公司；企业将由原来的盈利最大化或者股东利益最大化转向追求兼顾包括股东在内的利益和诉求的平衡，追求经济、环境和社会综合价值的最大化和最优化，实现企业可持续经营与社会可持续发展的多赢和共赢。

重塑企业管理目标。企业责任竞争力将会成为企业未来的核心竞争力。企业责任竞争力就是企业在运用自身专业优势解决社会和环境可持续发展所面临的挑战和问题的同时，还能取得良好的经济效益，其根本目标是服务企业、社会和环境的共同可持续发展，其本质是企业的决策和活动做到公平与效率的有机统一。

重塑企业管理对象。企业的管理对象由原来的集中于企业价值链对象的管理扩展到更广泛的利益相关方关系管理。特别重要的是将企业社会责任理念融入其中，从而形成企业各利益相关方的和谐发展关系，取得各利益相关方更大范围的认知、更深程度的认同和更有力度的支持。

重塑企业管理方法。在企业治理理念上，要创造更多的形式，让更多的利益相关方参与公司的重大决策，包括企业管理目标的制订。在生产运营各环节上，更加重视发挥更多利益相关方的作用，使他们能以各种方式参与到企业生产运营的各个环节中来，包括企业的研发、供应、生产、销售及售后服务等，使每个环节都最大限度地减少对社会、经济和环境的负面影响，最大限度地发挥正面效应。特别是通过不断加强与利益相关方的沟通及对其关系的管理，企业能够更加敏锐地发现市场需求，能够更加有效地开拓无人竞争的、全新的市场空间，把握商机。

中央企业社会责任管理推进成就

中央企业是我国国民经济的重要支柱，是国有经济发挥主导作用的骨干力量，履行社会责任是中央企业与生俱来的使命，全社会对中央企业履行社会责任有着更高的要求与期待。

国务院国资委高度重视中央企业社会责任工作，从政策指导、管理提升、加强沟通等方面全面推动中央企业履行社会责任。在国务院国资委的指导下，一批深耕企业社会责任管理的中央企业不仅做到了在理论上有创新，在实践上有亮点，而且实现了管理上有升级、竞争力上有提升，推动企业社会责任管理发展进入新的境界。观察和研究发现，中国的一批一流企业通过探索社会责任管理推进企业可持续发展的新路径，

中国石油：价值引领型社会责任管理

形成了丰富多彩、成效显著的企业社会责任管理推进模式。

2022年，位列《财富》世界500强第三位的国家电网有限公司，经过十余年的持续探索，走出了一条双向驱动、示范引领的全面社会责任管理推进之道，全面社会责任管理的综合价值创造效应正在公司各个层面逐步显现。全球最大的投资建设企业——中国建筑集团有限公司走出了一条品牌引领型的社会责任管理推进之道，从开展社会责任品牌及理念管理出发，以社会责任理念重新定义企业使命，细化社会责任管理指标，通过将职能部门管理落实到企业生产运营过程中，形成了社会责任管理的完整循环。作为与大众生活息息相关的多元化企业，华润集团走出了一条以使命为驱动的履责之路，将使命作为社会责任工作的试金石，塑造责任文化，开展责任管理，推动责任践行，实现承担历史使命、履行社会责任和推动企业可持续发展的有机统一。

中国核电以响应时代变革与利益相关方多元化诉求为驱动，形成了公众沟通驱动型社会责任管理。通过公众沟通找准公司社会责任管理的出发点和着力点，在推进社会责任管理提升的同时，对内培育富有激励、富有特色、积极向上的企业文化，对外提升中国核电的品牌影响力、感召力和美誉度，形成了"责任、品牌、文化"三位一体推进社会责任的管理之道。国家能源集团在原国电集团以"责任文化推动"、大规模发展新能源为主题和原神华集团"战略化组织化推动"、以化石能源清洁化和规模化发展为主题的履责特征的基础上，探索形成了可持续驱动的社会责任管理推进模式。其具体方式是以可持续方式保障可持续能源供应为目标，以"高层表率、再组织化、责任文化推动"为特征，以"化石能源清洁化，清洁能源规模化"为核心履责主题。中国三峡集团秉承建设三峡工程、护佑长江安澜的初衷，在实践发展中凝聚成"为国担当、为民造福"的责任初心，并以此为引领形成了初心引领型社会责任管理推进模式。其具体内涵是以责任初心为根本遵循，形成了由"战

总 序（二）

略定力""多方参与""机制保障""透明沟通"构建的四位一体推进路径，致力于创造利益相关方综合价值最大化。

中国石油在"绿色发展、奉献能源，为客户成长增动力，为人民幸福赋新能"的价值追求引领下，在长期的社会责任管理实践过程中，形成了独具特色的价值引领型社会责任管理模式。公司识别出与自身发展紧密相关、利益相关方重点关注的八大责任领域，通过"理念引领、责任驱动、管理融入、影响评估"的系统管理流程，推动社会责任理念和要求融入战略、管理和生产经营，指引全体员工在工作岗位中自觉践行社会责任要求，实现了从理念、管理、行动到绩效的良性社会责任工作循环，持续创造了更高的经济、环境和社会综合价值。

国家开发投资集团（简称国投集团）坚持以"投资创造更美好的未来"为使命，以"成为世界一流资本投资公司"为愿景，致力于成为"产业投资的引领者、美好生活的创造者、持续回报的投资者"，坚守"战略投资、价值投资、责任投资"理念，将ESG（环境、社会和企业治理）理念全面融入投前决策、投中监控、投后管理的投资管理全流程中，以责任投资实现价值增长，形成了责任投资驱动型社会责任管理模式，拥抱可持续发展。

中交集团始终怀揣"让世界更畅通、让城市更宜居、让生活更美好"（以下简称"三让"）的企业愿景，将社会责任全面融入战略、管理和运营，逐渐形成了具有鲜明特色的愿景驱动型社会责任管理模式。其内涵在于以"三让"愿景为核心驱动力，在全集团范围内凝聚合力，形成由"精准引领""系统管理""全面实践""立体传播"构成的社会责任管理推进路径，推动中交集团持续创造经济、社会和环境综合价值。

中国广核集团（以下简称中广核）始终坚持完整、准确、全面贯彻新发展理念，坚守"发展清洁能源，造福人类社会"的企业使命，深入开展责任沟通，深耕核安全、经济、社区、环境四大责任领域，形成具有中广核特色的使命引领、透明驱动型社会责任管理模式，也称为 NICER 社会责任管理模式。由内向外的使命引领和由外向内的透明驱动机制，促使中广核善用自然的能量的社会责任实践更实、更精、更深，助其成为世界一流企业履行社会责任的典范，也为全球可持续发展贡献中广核力量。

我们欣喜地看到这些中国一流企业正在通过社会责任管理书写企业管理创新的历史，中国企业社会责任管理正在中央企业的带动下，登上世界企业管理的舞台。

中国企业管理发展的历史机遇

企业社会责任是经济社会发展到一定历史阶段的产物，是经济全球化和人类可持续发展对企业提出的更多、更高和更新的要求，也是人类对企业的新期待。社会责任管理是全球先锋企业在这一领域的新探索和新进展。社会责任管理对全球企业来讲都是一个新课题。如果说改革开放以来，中国企业一直处于向西方企业不断学习企业经营管理理念和经验的阶段，那么，社会责任的发展为中国企业提供了在同一起跑线上发展新型经营管理之道的难得机会。中国企业如果能创新运用社会责任管理理念和方法，率先重塑企业管理，将有望在全球市场竞争中赢得责任竞争优势，在为全球企业管理贡献中国企业管理经验的同时，引领新一轮更加负责任的、更加可持续的经济全球化。

本套丛书将首先面向中国社会责任先锋企业群体——中央企业，系统总结中央企业将社会责任理念和方法系统导入企业生产运营全过程的典型经验。其次，持续跟踪研究中国各类企业的社会责任管理实践，适时推介企业社会责任管理在中国各类企业的新实践、新模式和新经验。

总　序（二）

最后，借助新媒体和更有效的传播方式，使这些具有典型意义的企业社会责任管理思想和经验总结走出企业、走向行业、走向上下游、走向海内外，成为全球企业管理和可持续发展的中国方案样本。

本套丛书着眼于国内外、企业内外传播社会责任管理方面的做法和实践，主要有以下几个目标：面向世界传播，为世界可持续发展贡献中国企业智慧；面向中国传播，为中国企业推进社会责任管理提供样本；面向企业传播，为样本企业升级社会责任管理总结经验。

中国企业以什么样的精神状态拥抱新时代？坚定地推进企业社会责任管理，依然是一流中国企业彰显时代担当的最有力的回答。企业社会责任只有进行时，没有完成时，一流的中国企业要有担当时代责任的勇气、创新进取的决心，勇做时代的弄潮儿，不断在企业社会责任和可持续发展道路上取得新突破。这是世界可持续发展的趋势所向，也是中国企业走向世界、实现可持续发展的必由之路。

只有积极承担社会责任的企业才是最有竞争力和生命力的企业。创新社会责任管理将是企业积极承担社会责任的有效路径，是实现责任竞争力和长久生命力的新法门，希望这套中央企业社会责任管理之道丛书能为企业发展贡献绵薄之力。

企业社会责任管理无论是在理论上还是在实践上，都是一个新生事物，本丛书的编写无论是理论水平还是实践把握，无疑都存在一定的局限性，不足之处在所难免，希望读者不吝提出改进意见。

丛书总编辑
2022 年 9 月

序

能源安全是关系国家经济社会发展的全局性、战略性问题，对国家繁荣发展、人民生活改善、社会长治久安至关重要。近年来，随着生态文明建设的大力推进和"四个革命、一个合作"能源安全新战略的全面实施，中国已成为世界上最大的能源生产国和消费国，正处于从能源大国向能源强国迈进的关键时期。推进能源革命，建设能源强国，加快构建清洁低碳、安全高效的现代能源体系，对于我国建成富强、民主、文明、和谐、美丽的社会主义现代化强国具有重要意义，同时对于维护世界能源安全、应对全球气候变化和促进世界经济增长亦发挥着不可替代的重要作用。

作为国有重要骨干企业和全球主要的油气生产商和供应商之一，中国石油自成立以来，始终重视发挥自身优势，参与解决社会和环境问题，平衡好促进经济、社会、环境可持续发展与提升自身竞争力的关系，在努力创造财富和价值、实现企业自身经济效益和发展目标的同时，全力服务于国家经济社会发展需要，承担起保障国家能源安全和市场稳定供应的重要责任，为中国经济社会的快速发展提供了能源动力。同时，中国石油坚定秉持习近平生态文明思想并贯彻落实到企业改革发展全过程，将推动能源绿色、循环、低碳发展作为核心任务，坚定不移实施绿色低碳转型行动，深入推进能源生产和消费革命，不断满足人民

中国石油：价值引领型社会责任管理

群众美好生活的用能需要，以保障国家能源安全的实际成效，推动建设能源强国，为"双碳"目标实现做出应有的贡献。

履行社会责任作为中国石油实现可持续发展的必然选择，已深深融入公司战略布局和企业发展命脉之中。中国石油"绿色发展、奉献能源，为客户成长增动力，为人民幸福赋新能"的价值追求，更是引领着公司的社会责任管理和实践不断走深走实，在满足社会需求和应对共同挑战中寻机遇、谋发展，创造与利益相关方的共享价值，实现能源与环境、与社会的可持续发展，形成了一条价值引领型社会责任管理之路。

中国石油在长期的社会责任管理和实践过程中，沉淀形成了独具特色的价值引领型社会责任管理模式，通过"理念引领、责任驱动、管理融入、影响管理"，稳步推进社会责任管理工作，形成系统化的社会责任管理流程，识别出与公司可持续发展紧密相关、利益相关方重点关注的八大责任领域，包括能源供应、环境保护、组织治理、尊重人权、公平运营、劳工实践、消费者权益、社区参与和社会公益，为全体员工在工作岗位中履行社会责任提供了系统、全面的指引，也为责任理念和要求全面融入企业经营管理奠定基础，以此推动公司可持续发展能力不断提升，持续创造了更高的经济、环境和社会综合价值。

"绿色发展、奉献能源，为客户成长增动力，为人民幸福赋新能"，充分体现出中国石油与生俱来的责任基因，和致力于经济、社会和环境综合价值最大化的责任理念，为公司开展社会责任工作指明了方向。

中国石油全员将八项责任议题作为履行社会责任的行动纲领，统筹行动，系统实践，实现了从理念、管理、行动到绩效的良性社会责任管理工作循环，持续创造了更高的经济、环境和社会综合价值。"十三五"末期，中国石油实现国内油气生产两个历史性跨越：油气产量当量首次突破2亿吨、天然气产量占比首次超过50%，全面保障了有效的市场供应，经营业绩迈上新台阶，油气两大产业链安全平稳运行。"十四五"开局之际，中国石油加速绿色转型，进一步优化油气生产结构，积极应对环境挑战、满足不断增长的清洁低碳能源需求，实现国内全年销售天然气2055.5亿立方米，按等量热值计算相当于替代了2.73亿吨标准煤，减排二氧化碳约2.74亿吨，为优化中国能源结构、建设美丽中国添"底气"。公司温室气体排放量、甲烷排放强度同比分别下降4.38%和8.9%，荣获"中国低碳榜样"和"2021年度碳中和典范企业"称号。中国石油始终坚持"以人民为中心"，通过保障能源供应、提升客户满意度、保障员工权益、打造负责任供应链、履行企业公民责任等活动，实现与利益相关方价值共享，在保障和改善民生、促进社会公平正义方面发挥了重要作用，得到社会各界的广泛认可。"十三五"期间，公司共计投入超过18亿元开展精准扶贫，涉及全国1175个村庄，凭借在消除贫困方面的突出贡献，公司被联合国全球契约组织和中国政府分别授予"2020实现可持续发展目标企业最佳实践（消除贫困和促进繁荣）"和"全国脱贫攻坚奖组织创新奖"。

在新冠肺炎疫情（以下简称疫情）的冲击下，百年未有之大变局进入加速演变期，国际格局继续发生深刻、复杂的变化。面对新形势和新挑战，中国石油力求准确识变、科学应变、主动求变，在危机中育新机、于变局中开新局，继续保持战略定力，大力实施创新、资源、市场、国际化、绿色低碳五大战略，全力开创高质量发展新局面，促进"价值引领型社会责任管理"推进模式不断完善成熟，致力于成为世界一流综合性能源公司履行社会责任的典范，做优秀的全球企业公民，为实现中国"双碳"目标、应对气候变化、助力全球可持续发展贡献中国石油的智慧与力量。

目　录

第一章　价值：使命担当，责任基因植根发展大局 …………… 1
　　第一节　国家能源战略 …………………………………………… 3
　　第二节　中国石油价值追求与发展战略 ………………………… 8
　　第三节　价值引领可持续发展之路 ……………………………… 10

第二章　融合：理念引领，责任要求融入管理体系 …………… 13
　　第一节　守正创新，打造管理模型 ……………………………… 15
　　第二节　价值引领，形成责任共识 ……………………………… 18
　　第三节　影响识别，驱动责任管理 ……………………………… 27
　　第四节　系统管理，创造综合价值 ……………………………… 32

第三章　践行：系统推进，责任实践助力价值创造 …………… 37
　　第一节　着力提供安全稳定的能源供应 ………………………… 39
　　第二节　增强生产运营责任意识和担当精神 …………………… 52
　　第三节　尊重和保障人权 ………………………………………… 63
　　第四节　支持员工成长发展 ……………………………………… 68
　　第五节　引领行业转型 …………………………………………… 74
　　第六节　支持民生改善 …………………………………………… 82

第四章 成效：共创共享，履责结果成就多元价值 ………… 95
第一节 创新驱动，赋能公司高质量发展 ………… 97
第二节 绿色发展，助力"双碳"目标实现 ………… 104
第三节 价值共享，促进社会和谐发展 ………… 107

第五章 展望：持续改进，增添可持续未来新动能 ………… 115
第一节 为经济社会环境可持续发展作贡献 ………… 117
第二节 助力世界一流综合性能源公司建设 ………… 119

附　录 中国石油社会责任大事记和责任荣誉 ………… 123

第一章

价值：使命担当，责任基因植根发展大局

第一章 价值；使命担当，责任基因植根发展大局

中国石油天然气集团有限公司（以下简称中国石油，英文缩写CNPC）作为国家能源战线的主力军和国有重要骨干能源企业，担负着保障国家能源安全和市场稳定供应的重要责任，履行社会责任是中国石油的"天职"。经过多年改革发展，公司规模不断扩大、活力不断增强、创造力不断提升，在履行社会责任方面更应走在前列、做出表率。面对全球能源供需格局发生深刻变化、能源结构加快向绿色低碳可持续发展转型等新形势和新挑战，中国石油坚持"绿色发展、奉献能源，为客户成长增动力，为人民幸福赋新能"的价值追求，大力实施创新、资源、市场、国际化和绿色低碳战略，更好地发挥战略对可持续发展的引领作用，在满足社会需求和应对共同挑战中寻机遇、谋发展，创造与利益相关方的共享价值，致力于为全球能源转型、实现碳达峰、碳中和等气候和温控目标提供中国石油解决方案，为实现联合国可持续发展目标贡献中国石油力量。

第一节 国家能源战略

能源是人类社会赖以生存和发展的物质基础，在国民经济中具有特别重要的战略地位。保障能源安全与发展关乎中华民族永续发展的根本大计，对建设社会主义现代化国家有着重要意义。

围绕社会经济目标制定的国家能源发展战略和各阶段规划目标，引导能源领域各项规划顺利实施对国家经济发展做出重大贡献。能源规划在不同经济发展阶段各有侧重，从提升能源供应总量、满足经济发展需求，到提高能源效率、注重培育节能机制，再到优化能源结构、强调节约，能源规划引导能源工业不断壮大。在国家能源发展战略和各阶段规

划目标的指引下，能源领域攻坚克难、开拓进取，实现由弱变强，从供给短缺到总体宽松的巨大转变，使中国从能源工业基础薄弱发展为能源生产大国。

中华人民共和国成立以来，在中国共产党领导下，中国人民自力更生、艰苦奋斗，逐步建成较为完备的能源工业体系。改革开放以来，中国适应经济社会快速发展需要，推进能源全面、协调、可持续发展，成为世界上最大的能源生产消费国和能源利用效率提升最快的国家。

改革开放以来，中国经济持续快速发展，人民生活水平日益提高，能源需求也随之不断增长，形成了煤、油、气、可再生能源多轮驱动的能源生产体系。

党的十一届三中全会以后，和平与发展成为时代的主题。能源的开发和建设受到高度重视。国家能源战略重点在于平衡能源供需，能源供应能力大幅提升，能源的生产能力和运输能力都有不同程度的增长，技术水平有所提高，为20世纪90年代中国经济和社会的发展奠定了比较坚实的基础；党的十三届四中全会后，国家各项工作取得新进展，能源战略规划注重能源环境与效率，坚持节约与开发并举，促进优化能源结构和清洁可再生能源发展；2000年后，中国进入全面建设小康社会，加快推进社会主义现代化的新发展阶段，也进入经济结构战略性调整的重要时期。"十五"至"十一五"期间，优化能源结构，提高利用效率，降低单位GDP能耗和主要污染物排放，加大可再生能源发展的支持力度促进我国可再生能源市场与产业的发展。

党的十八大以来，中国发展进入新时代，全面建成小康社会进入关键时期。能源发展也进入新时代，推动能源生产和消费革命，打造中国能源升级版，推动能源创新发展、安全发展、科学发展，能源发展转型进入重要战略机遇期。

习近平总书记提出"四个革命、一个合作"能源安全新战略，为

第一章 价值：使命担当，责任基因植根发展大局

新时代中国能源发展指明了方向，开辟了中国特色能源发展新道路。中国坚持创新、协调、绿色、开放、共享的新发展理念，以推动高质量发展为主题，以深化供给侧结构性改革为主线，全面推进能源消费方式变革，构建多元清洁的能源供应体系，实施创新驱动发展战略，不断深化能源体制改革，持续推进能源领域国际合作，中国能源进入高质量发展新阶段。在新发展理念和能源安全新战略的指引下，能源转型变革步伐明显加快，清洁低碳、安全高效的现代能源体系加快构建，能源发展站上新起点。

在2021年中央经济工作会议上，习近平总书记指出，要正确认识和把握碳达峰、碳中和，立足以煤为主的基本国情，科学考核，确保能源供应，深入推动能源革命，加快建设能源强国；要推进资源全面节约、集约、循环利用，增强国内资源生产保障能力。

深入学习贯彻习近平生态文明思想，充分认识建设能源强国的重大意义。习近平生态文明思想是建设能源强国的根本遵循。习近平生态文明思想深刻诠释了经济社会发展与生态环境保护的辩证关系，是新时代建设生态文明和美丽中国的重要理论指南，是习近平新时代中国特色社会主义思想的重要组成部分。近年来，随着生态文明建设的大力推进和"四个革命、一个合作"能源安全新战略的全面实施，我国能源生产和消费方式发生了深刻变革，正处于从能源大国向能源强国迈进的关键时期。我们必须深入领会习近平生态文明思想的新内涵、新要求，充分认识建设美丽中国和建设能源强国的内在逻辑关系，把推进能源革命、建设能源强国作为生态文明建设的重要支柱和突破口，支撑和保障我国经济社会高质量发展。

建设能源强国是建设社会主义现代化强国的重要组成部分。建成富强、民主、文明、和谐、美丽的社会主义现代化强国，是我国第二个百年奋斗目标。强大的现代能源工业，是社会主义现代化强国的重要基础

和重要特征。当前，在疫情的冲击下，世界百年未有之大变局加速演进，全球能源供需格局发生深刻变化，世界各国能源结构加快向绿色低碳转型，迫切需要我们做强现代能源工业，加快构建清洁低碳、安全高效的现代能源体系，培育一批具有全球竞争力的世界一流能源企业，加快建设能源强国，满足社会主义现代化强国建设的能源需要。

实现碳达峰、碳中和是建设能源强国的必然要求。将碳达峰、碳中和纳入生态文明建设整体布局，是党中央做出的重大战略决策，是解决资源环境约束问题、实现中华民族永续发展的战略举措。当前，我国生态文明建设已进入以降碳为重点战略方向的新阶段，能源活动相关二氧化碳排放量占我国碳排放总量的80%以上，实现碳达峰、碳中和目标，解决好能源问题是重中之重。这就要求我们把推动能源绿色、循环、低碳发展作为核心任务，坚定不移实施绿色低碳转型行动，深入推进能源生产和消费革命，不断满足人民群众对美好生活的用能需要，在建设能源强国进程中全面实现"双碳"目标。

以习近平生态文明思想为指导，准确把握建设能源强国的关键问题。党的十八大以来，我国立足基本国情和新发展阶段，坚持生态优先、绿色发展，坚定不移推进能源革命，能源行业取得了全方位、历史性成就，为生态文明建设做出了重要贡献，也为建设能源强国打下了坚实基础。当前，我国正处在推动能源绿色低碳转型的关键期和传统能源与新能源重要交替期。要坚持以习近平生态文明思想为指导，完整、准确、全面贯彻新发展理念，坚持系统观念，正确处理好发展和安全、发展和减排、整体和局部、短期和中长期、化石能源和非化石能源的关系，加快建设能源供给可靠性强、能源消费清洁性强、能源结构融合性强、能源技术自立性强、能源治理科学性强、能源合作开放性强的现代化能源强国。

坚持立足国内实现多元化能源供给。突出能源在国民经济中的基础作用，以满足核心需求为底线，坚持"传统能源逐步退出要建立在新能源安全可靠的替代基础上"原则，继续发挥煤炭兜底保障作用，做稳国产2亿吨原油、2亿吨油当量天然气的"压舱石"地位，持续增强可再生能源供应可靠性，不断完善产供储销体系，积极构建以新能源为主体的新型电力系统，切实增强国内能源生产保障能力，提升能源体系运行效率，加快形成多能互补、协同高效、绿色低碳、安全高效的多元化能源供应格局，为世界能源发展贡献"中国模式"。

坚持生态优先实现能源清洁高效利用。把节能降碳和提高能效作为经济高质量发展的重要着力点，大力推进化石能源清洁化和清洁能源规模化，聚焦工业、建筑、交通运输、公共机构等重点领域，加快实施节能减碳改造升级，加速淘汰落后产能，提升新型基础设施能效水平，倡导简约适度、绿色低碳的生活方式，实现能耗"双控"向碳排放总量和强度"双控"转变，不断提升能源利用效率和减污降碳协同效应，推动能源全面节约集约循环利用，建设节约型、低碳型社会，成为全球能效"领跑者"和碳中和"先行者"。

坚持创新驱动实现能源科技高水平自立自强。把科技自主创新作为能源发展的战略支撑，紧紧围绕国家能源安全重大科技需求，集中攻克一批关键核心技术和装备，产出一批引领现代能源产业发展的重大原创成果，打造一批能源原创技术策源地，构建形成以企业为主体、市场为导向、产学研用深度融合的技术创新体系和科技创新平台，支撑引领能源行业高质量发展，推动建设国家战略科技力量，打造世界能源科技中心和创新高地。

坚持多措并举实现能源高效治理。统筹发挥好政府和市场的作用，持续深化能源体制机制改革，完善能源统一市场，推动电力、煤炭、油气市场化改革，加快形成以储能和调峰能力为基础支撑的新增电力装机发展机制，健全有利于节能降碳的激励约束机制和财税金融等支持政策，统筹推动碳排放权、用能权、电力等交易市场建设，强化能源监管体系和配套制度建设，不断提升能源治理能力和治理效能，构建中国特色现代化能源治理体系。

坚持深化合作实现能源全球化配置。着眼国内国际双循环相互促进，以"一带一路"为重点，全方位拓展能源合作，精心打造国际合作平台，高质量建设一批长期可靠、安全稳定的海外能源基地，深度参与全球能源治理，发挥能源市场战略买家力量，赢得与我国能源消费能力相匹配的定价权和话语权，增强开放条件下的能源保障能力和全球资源配置能力，打造能源合作利益共同体。在贯彻落实习近平生态文明思想的实践中打造建设能源强国的中坚力量。

第二节 中国石油价值追求与发展战略

中国石油是国有重要骨干企业和中国主要的油气生产商和供应商之一，是集国内外油气勘探开发和新能源、炼化销售和新材料、支持和服务、资本和金融等业务于一体的综合性国际能源公司，在国内油气勘探开发中居主导地位。截至2021年年底，中国石油在全球32个国家和地区开展油气投资业务。2021年，中国石油在《财富》杂志全球500强排名中位居第四，在世界50家大石油公司综合排名中位居第三。

能源领域国有企业特别是中央企业是推动我国能源行业高质量发展的主力军，在保障国家能源安全中发挥着顶梁柱作用。作为国内最大的油气生产供应企业和国际知名的跨国石油公司，中国石油将始终全面贯彻落实习近平生态文明思想和中央经济工作会议精神，坚持"绿色发展、奉献能源，为客户成长增动力，为人民幸福赋新能"的价值追求，充分发挥示范带头作用，忠诚履行责任使命，在新时代建设能源强国征程中谱写"我为祖国献石油"的新篇章。

中国石油牢固树立"绿水青山就是金山银山"理念，自觉推动绿色低碳发展，加快绿色清洁能源体系构建，开发推广绿色低碳技术工艺，让资源节约、环境友好成为主流生产生活方式，以绿色低碳转型实现企业与社会共同发展、人与自然和谐共生。

中国石油站在"两个大局"高度，准确把握能源转型大趋势，坚持创新、资源、市场、国际化、绿色低碳战略，统筹利用好两种资源、两个市场，保障国家能源安全，保障油气市场平稳供应，为世界提供优质、安全、清洁和可持续供应的能源产品与服务。

中国石油坚持以客户为中心，深度挖掘客户需求，把客户成长作为企业成长的源头活水，持续为客户创造最大价值，以更优质、更便捷的服务赢得客户信赖，以更安全、更可靠的产品助力客户发展，实现企业与客户共同成长。

中国石油始终把为人民谋幸福作为发展的根本目的，加快产业转型升级，不断增加绿色低碳、清洁高效的能源和产品供给，把企业发展、创新的成果更多地惠及广大人民群众，努力为人民美好生活加油增气，为建设美丽中国贡献中国石油力量。

中国石油立足高水平科技自立自强，把创新作为引领发展的第一动力，推动以科技创新为核心的全面创新，围绕产业链部署创新链，依靠创新链提升价值链，全面提升自主创新能力，加快突破瓶颈制约，抢占未来竞争制高点，为强化国家战略科技力量、建设科技强国贡献力量。更加突出低成本、多元化、可持续地获取和供应资源，高效开发国内油气资源，多渠道引进海外资源，积极布局非化石能源，坚持人才第一资源，统筹土地、资金、技术、数据等各种资源，着力提升资源价值，夯实发展的物质基础。充分发挥市场在资源配置中的决定性作用，坚持市场导向、客户至上，超前研判市场、主动适应市场、大力开拓市场、积极引领市场，统筹国内国际两个市场，加快构建现代市场营销体系，始终把握市场竞争的主动权。优化调整主营业务国际合作战略布局，强化国际商务运作、资本运营和全球资源配置，加快理念、管理、技术、标准和人才的国际化步伐，深度参与全球能源治理，不断提升国际化经营能力和行业影响力，推动构建能源合作利益共同体。持续提高低碳、零碳能源比例，加快推进清洁生产和绿色环保产业发展，构建低碳能源供应体系，把节能作为第一能源，强化能源资源节约利用和效率提升，积极探索负碳技术，发展负碳产业，探索新的低碳商业模式，形成绿色竞争优势，推动绿色低碳转型。

第三节 价值引领可持续发展之路

作为国有重要骨干企业、全球主要的油气生产商和供应商之一，中国石油自成立以来，坚持"以人民为中心"，始终重视发挥自身优势参与解决社会和环境问题，平衡好促进经济社会环境可持续发展与提升自身竞争力的关系，致力于为全球能源转型、实现碳达峰、碳中和等气候和温控目标提供中国石油解决方案，为实现联合国可持续发展目标贡献中国石油力量。

自 2006 年起，中国石油明确将"奉献能源，创造和谐"作为企业宗旨，强调作为大型国有企业应担当大任，努力践行党和国家赋予的经济、政治和社会责任，并前瞻性地制定了油气产品生产与供应、员工发展、安全环保和社会公益方面的社会责任目标。

"十四五"以来，中国石油提出"绿色发展、奉献能源，为客户成长增动力，为人民幸福赋新能"的价值追求，在满足社会需求和应对共同挑战中寻机遇、谋发展，创造与利益相关方的共享价值，实现能源与环境、与社会可持续发展，共筑人类命运共同体。

中国石油的价值追求，充分体现了公司致力于经济、社会和环境综

第一章 价值：使命担当，责任基因植根发展大局

合价值最大化的责任理念，为公司开展社会责任工作指明了方向，对公司管理者、员工与利益相关方的行为实践起到了重要指引作用，引导公司各级员工将对环境、社会负责任作为行事原则，按照《中国石油天然气集团公司履行社会责任指引》（以下简称《指引》）建议，将社会责任要求融入公司管理体系，并在岗位工作中主动落实指引要求，创造股东、客户、消费者、员工、社区等相关方的多元共享价值。

中国石油的价值追求，体现了公司与生俱来的责任基因。作为国有企业，按照国家社会发展大局的需求，承担保障国家能源安全、保障人民美好生活对能源的需要，服务和保障民生发展所需，是中国石油与生俱来的责任。"绿色发展、奉献能源，为客户成长增动力，为人民幸福赋新能"的价值追求，正是对中国石油社会责任的诠释。绿色发展是公司在经营发展过程中始终坚持的基本原则，体现了公司大力探索绿色转型，努力减少环境负面影响，创造更高环境价值的不懈追求；奉献能源体现了国家和人民对中国石油所提供的能源相关产品服务的基础要求；为客户成长增动力，体现了中国石油通过创新驱动，为客户提供更可持续的、多元化的能源供给，提升经济社会发展动力；为人民幸福赋新能，体现了中国石油通过负责任的发展，更好地满足人民美好生活对能源供给的需要，通过助力扶贫、乡村振兴、共同富裕等企业公民行动，为社会民生发展做出应有的贡献。

中国石油的价值引领，引领责任要求融入公司管理体系。中国石油的价值追求与公司履行社会责任的要求高度一致，是公司全体员工与外部相关方的行动共识，为公司将社会责任理念和要求融入公司管理体系奠定了基础。公司各部门和各单位识别与自身管理工作紧密相关的社会责任议题，融入目标与计划的制订、实施、绩效考核与改进等管理过程中，推动社会责任系统融入公司管理体系。

中国石油的价值践行，引导各级员工系统开展履责实践。中国石油

中国石油：价值引领型社会责任管理

识别出与公司可持续发展紧密相关、利益相关方重点关注的八个责任领域，分别是能源供应、环境保护、组织治理、尊重人权、公平运营、劳工实践、消费者权益、社区参与和社会公益，为公司各级员工在岗位工作中履行社会责任提供了操作指引，将责任理念全面融入企业经营管理，形成了公司整体社会责任工作的统筹行动，推动公司可持续发展能力不断提升。

中国石油的价值共享，促进公司持续创造更高的综合价值。中国石油通过全公司履行社会责任的系统行动实践，实现了从理念、管理、行动到绩效的良性社会责任管理工作循环，持续创造了更高的经济、环境和社会综合价值。公司在国内外市场竞争中赢得持续竞争优势，经营业绩迈上新台阶，油气两大产业链安全平稳运行，国企改革持续深入推进，创新科技硕果累累，提质增效攀新高，公司高质量发展取得新进展；加快构建多能互补新格局，将生态文明建设融入生产建设运营各环节，成为节约资源、保护环境、绿色发展的典范；通过保障能源供应、提升客户消费者满意度、保障员工权益、与产业链伙伴合作共赢、履行企业公民责任等活动，实现与利益相关方价值共享，在保障和改善民生、促进社会公平正义方面发挥了重要作用，得到社会各界的广泛认可。中国石油价值引领社会责任模型如图 1-1 所示。

图 1-1　中国石油价值引领社会责任模型

第二章

融合：理念引领，责任要求融入管理体系

第二章 融合：理念引领，责任要求融入管理体系

中国石油自成立以来，有章法、有步骤，系统地推动社会责任工作，一步一个脚印、一年一个变化，不断探索具有公司特色的社会责任管理模式。"十四五"时期，中国石油提出"绿色发展、奉献能源，为客户成长增动力，为人民幸福赋新能"的价值追求，提出"创新、资源、市场、国际化和绿色低碳"发展战略，将对政府、客户、员工、合作伙伴、社区和环境等多个重要利益相关方负责任的理念和要求融入公司发展战略，发挥战略引领作用，将社会责任要求融入公司管理系统和日常运营中，形成具有中国石油特色的社会责任推进路径，发挥了能源央企的示范带头作用，为公司长远、可持续发展筑牢根基。

第一节 守正创新，打造管理模型

中国石油在社会责任管理和实践中，基于"绿色发展、奉献能源，为客户成长增动力，为人民幸福赋新能"的价值追求，形成了独具特色的价值引领型社会责任管理模式。该模式是中国石油开展社会责任工作的推进路径，明确了中国石油开展社会责任管理的实现方式和工作路径，并为社会责任全面融入公司运营提供了行动指南。

中国石油价值引领型社会责任管理模式包括"理念引领、责任驱动、管理融入、影响管理"四个步骤，体现了公司将社会责任融入管理系统的方法和流程，通过将影响管理融入公司管理系统中的方法，推进形成系统化的社会责任管理流程，最终实现经济、环境和社会综合价值创造目标（见图2-1）。

中国石油：价值引领型社会责任管理

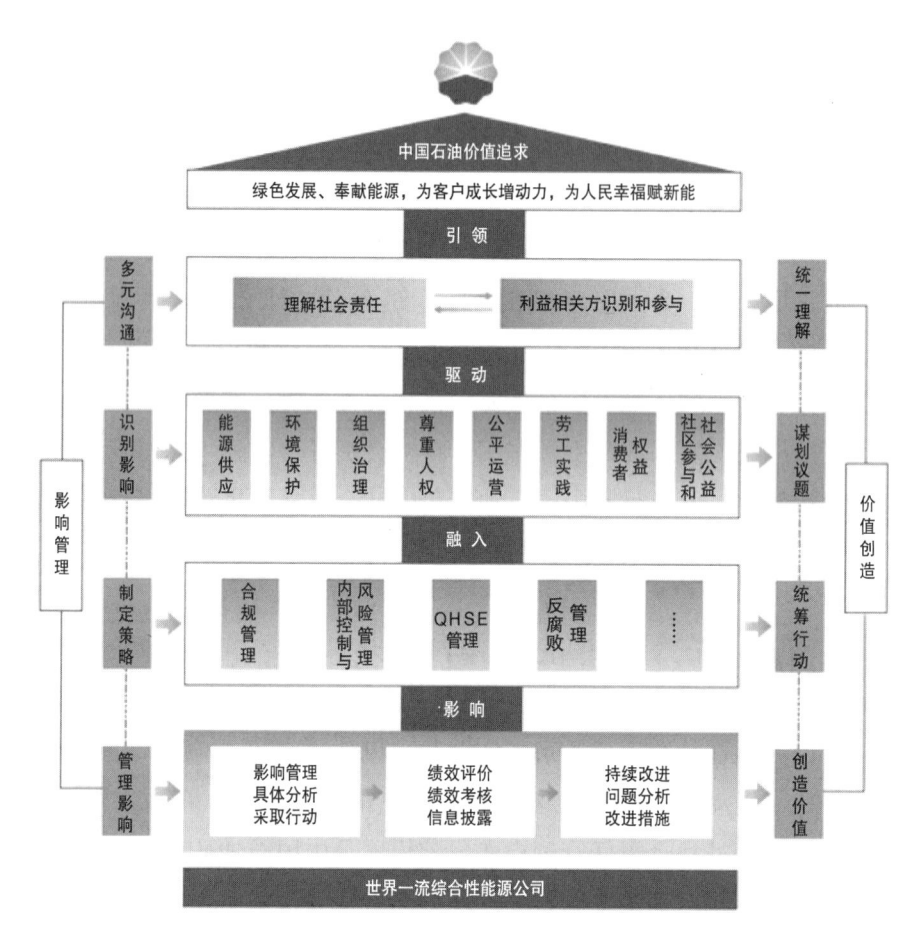

图2-1 中国石油社会责任管理模型

价值追求引领，形成对社会责任的一致理解。公司识别出股东、政府、员工、客户和消费者、合作伙伴、社区及公众等主要的内、外部利益相关方，多维度开展与相关方的沟通对接，明确了开展社会责任实践的主要对象和领域。将利益相关方参与方式运用到管理过程中，推进企业运营和社会责任管理，充分理解利益相关方的诉求与期望，在内外部交流中对社会责任形成了统一的理解，形成了内外部利益相关方共同认

16

可的价值追求。通过理解社会责任以及开展利益相关方识别和参与，加强与利益相关方的沟通与合作，统一理解，凝聚各方发展合力，打造良好的内外部发展环境。

环境社会影响驱动，形成履行社会责任的关键领域。中国石油根据对自身可持续发展的重要性和对利益相关方的重要性两个维度，结合企业属性和行业特点，遵循依法合规、承担责任、公正透明、尊重利益相关方的原则，参考国际倡导的社会责任关键议题，识别出重点议题，确定公司履责的主要内容和目标包括能源供应、环境保护、组织治理、尊重人权、公平运营、劳工实践、消费者权益、社区参与和社会公益八大议题，编制《指引》，为系统管理环境、社会和治理（ESG）因素影响奠定了基础。

推动责任要求融入，统筹开展履责实践。中国石油将识别出的议题和社会责任要求融入公司管理系统中，围绕责任议题，制定相关策略，持续完善工作制度和规范，逐步将社会责任融入公司管理运营全过程。总部各部门、各层级下属单位将价值追求和社会责任要求落实到职能管理和生产经营中，融入中国石油现有管理系统，如合规管理体系、内部控制与风险管理体系、QHSE（质量、健康、安全和环境）体系和反腐败体系等，推动公司在决策和生产运营活动中提高担责意识和落实履责机制。

系统管理影响，助力综合价值创造。公司将社会责任管理融入日常运营，各部门、各单位根据自身管理和经营实际，各负其责，开展各业务单元层面的社会责任实践工作。总部各部门、业务单元、单位根据自身职责，参考《指引》中的社会责任指标体系，开展社会责任绩效评价和考核，并通过社会责任、ESG、环境、扶贫与乡村振兴等各类年度报告及日常信息渠道，与内外部利益相关方沟通履责信息。通过每年度的定期总结，分析公司在社会责任方面存在的问题，持续改进提升，不断追求更高的利益相关方满意度，创造可持续的综合价值。

中国石油加强社会责任管理工作，成为履行社会责任的典范，有助于公司更好地防范社会责任风险，抓住可持续发展机遇，助力创建世界一流综合性能源公司的愿景实现。

第二节 价值引领，形成责任共识

面对全球能源供需格局发生深刻变化、能源结构加快向绿色低碳可持续发展转型的新形势和新挑战，中国石油提出"绿色发展、奉献能源，为客户成长增动力，为人民幸福赋新能"的价值追求，实现公司内部对社会责任理念统一的理解与认知，通过价值追求引领社会责任相关要求融入战略实施、经营管理和日常运营，形成具有中国石油特色的社会责任管理体系，为建设世界一流企业打造模范样板。

一、责任理念沿革

中国石油自 2006 年起明确将"奉献能源，创造和谐"作为企业宗旨和价值观，强调作为大型国有企业应担当大责任，努力践行党和国家赋予的经济、政治和社会责任，前瞻性地制定了油气产品生产与供应、员工发展、安全环保和社会公益方面的社会责任目标。在 2011 年"十二五"开局之际，公司提出用 5 年时间打造"绿色、国际、可持续的中国石油"，将"践行低碳发展，谋求绿色转型"作为企业发展方向，体现出中国石油的履责范围不断扩大，对利益相关方的识别更加完善。

自 2012 年起，中国石油积极开展社会责任领域的相关研究，持续推进能力建设，制定和实施社会责任培训计划，不断加强与国内外有关机构的交流，致力于提升公司全员对社会责任的认知及履责能力。同年，公司提出中国石油企业社会责任理念，即履行企业社会责任是开展生产运营、实现企业可持续发展的基本前提和准则，成为引领我国企业社会责任实践发展的先行者。公司还创新性地提出了企业公民理念，将优秀企业公民的内涵概括为财富创造力、品牌影响力和社会感召力，同企业宗旨、价值观与精神紧密联系。中国石油由此形成了统一的责任共识，即企业履行社会责任，既是实现经济、环境、社会可持续发展的必由之路，也是实现企业自身可持续发展的必然选择；既是顺应经济社会发展趋势的外在要求，也是提升企业可持续发展能力的内在需求；既是企业转变发展方式、实现科学发展的重要途径，也是企业国际化发展的战略需要。

2014 年，中国石油明确将"主动履行经济、环境和社会责任，做全球优秀企业公民"设定为发展目标，体现出履行社会责任已成为中国石油实现可持续发展的必然选择，并深深融入公司战略布局和企业发展命脉之中。

2015 年 9 月，联合国正式通过包括消除贫困、清洁能源、工业创新等在内的 17 个可持续发展目标（SDGs）。SDGs 旨在从 2015 年到 2030 年间，以综合方式彻底解决社会、经济和环境三个维度的发展问题，转向可持续发展道路。中国石油以高标准的全球企业公民建设为导向，全面对齐 SDGs，坚持依法经营、诚实守信，能源安全、稳定供应，节约资源、保护环境，以人为本、构建和谐企业，回馈社会、实现价值共享，致力于为实现经济、环境和社会综合价值最大化目标提供中国石油解决方案，为实现联合国可持续发展目标贡献中国石油力量。

二、价值追求引领

"十四五"开局之际，中国石油提出"绿色发展、奉献能源，为客户成长增动力，为人民幸福赋新能"的价值追求，充分体现出中国石油在满足社会需求和应对共同挑战中寻机遇、谋发展，创造与利益相关方的共享价值，实现能源与环境、与社会可持续发展，共筑人类命运共同体的责任理念，以此引领社会责任工作不断深入推进。

中国石油将绿色发展作为经营过程中始终遵循的基本原则。公司做好绿色发展顶层设计，积极开展绿色行动计划，推进能源转型；将经营活动对环境的影响纳入整体考虑，大力实施节能减排和清洁代替，致力于减少企业生产运营对环境与气候造成的不利影响；牢固树立尊重自然、顺应自然、保护自然的生态文明理念，积极参与全球生物多样性治理，保护湿地、雨林、海洋等自然生态环境和濒危野生动植物；加强生态环境修复，坚守生态保护红线，大力倡导生态文明，实现能源与环境和谐共生。

奉献能源是中国石油与生俱来的使命，也是国家和人民对于中国石油的热忱期望。作为油气行业的主要参与者、中国最大的油气生产供应商，中国石油始终致力于与政府、产业链上不同企业积极开展合作，在满足未来能源需求的同时，为国家和人民奉献更加清洁低碳、安全高效的多样能源，全力保障国家能源安全。

中国石油坚持以客户为中心，致力于为客户提供更优质、更便捷的服务，以更安全、更可靠的产品助力客户发展，实现企业与客户共同成长。公司多措并举保护消费者权益，防止客户隐私泄露，不断扩大服务覆盖范围，增加服务品类，持续提升服务体验，让用户放心满意。公司倡导可持续的消费模式，以能源产品升级促进能源消费结构优化，满足市场对高质量油品的需求，为客户提供更加绿色、环保、可持续的产品。

中国石油将"为人民幸福赋新能"作为价值追求的重要内容，体现出中国石油始终把为人民谋幸福作为发展的根本目的，将积极回馈社会作为公司重要的履责内容，始终关注民生和社会进步。在国内，中国石油与业务所在地共同分享发展机遇和资源价值，深入贯彻落实国家乡村振兴战略，充分发挥主业优势，帮助推动脱贫地区和欠发达地区持续发展，助力实现共同富裕。在海外，中国石油坚持合作共赢，充分尊重当地的文化风俗，致力于与东道国建立长期稳定的合作关系，通过多种方式加强与当地社区的沟通，积极开展公益活动促进海外社区建设，成为当地社区的优秀企业公民，共筑人类命运共同体。

在价值追求引领下，中国石油以成为更具财富创造力、更具品牌影响力和更具社会感召力的全球优秀企业公民为目标，积极履行社会责任，不断将企业发展创新的成果惠及利益相关方和广大人民群众，致力于实现经济、环境和社会三大责任的有机统一。

三、发展战略协同

中国石油充分发挥发展战略协同作用，将价值追求融入企业发展目标并落实到经营管理过程中，从而实现社会责任工作更加扎实落地。2021年，中国石油提出"创新、资源、市场、国际化、绿色低碳"五大发展战略，体现出公司对政府、客户、员工、合作伙伴、社区和环境等多个重要利益相关方负责任的态度与观念，亦成为中国石油履行社会责任的行动纲领。五大发展战略的制定，既来源于利益相关方对公司可持续发展的期望和诉求，也是中国石油对利益相关方履行社会责任，创造经济、社会和环境综合价值的坚定承诺。

中国石油将创新作为引领发展的第一动力，以创新驱动油气增储上产、炼化转型升级，不断提升油气生产和供应能力，在全力承担起保障国家能源供应安全责任的同时，以更加优质的产品和服务获得更大的差异化竞争优势。充分发挥科技创新的优势力量，大力研发绿色工艺与技术，尽量避免和减少油气开采过程中对环境的损害，从节能减排、清洁生产等方面推动绿色发展。

中国石油视资源为发展的物质基础，更加突出低成本、多元化、可

中国石油：价值引领型社会责任管理

持续地获取和供应油气资源，为消费者美好生活提供必需的能源资源，全力保障油气资源经济、安全、清洁、稳定的可持续供应，有效促进国家经济社会发展。此外，中国石油致力于统筹好人才、资金、技术、土地、数据等各种资源，履行好对于员工、属地、社区等多个相关方的责任。始终坚持将员工视为企业发展的基石和宝贵财富，致力于为员工创造健康、安全、良好的工作环境和畅通的职业发展道路；始终坚持将企业发展与社区可持续发展结合起来，与资源地分享发展机遇和资源价值，致力于做社区好邻居。

中国石油始终坚持市场导向、客户至上，统筹好国内、国际两个市场，加快构建现代市场营销体系，同时积极强化国际化商业运作、资本运营和全球资源配置，推动构建能源合作利益共同体。中国石油在"一带一路"沿线20个国家已经参与运作管理52个油气合作项目，在与资源国政府、合作伙伴开展能源合作的过程中，充分发挥综合一体化优势及资金、技术与管理优势，帮助属地将资源优势转化为经济优势，共同应对能源挑战，维护区域能源安全，对全球经济的稳定发展助益良多。

全球能源格局深刻调整，以高效、清洁、低碳、多元化为主要特征的能源转型进程加快推进。面对这样的情境，中国石油将"绿色低碳"纳入公司发展战略，明确了"清洁替代、战略接替、绿色转型"三步走总体部署，并制定时间表、路线图、施工图，力争在2025年左右实现碳达峰，2050年左右实现"近零"排放。充分体现出中国石油不断推动社会责任融入战略优化升级的前瞻性观念，积极应对气候变化，努力提供清洁低碳、安全高效的能源，共筑可持续的能源未来，履行好对政府、社区、环境、行业等利益相关方的责任，为实现联合国可持续发展目标贡献力量。

四、相关方沟通参与

中国石油将利益相关方沟通参与作为社会责任管理的重要手段，全面识别并积极回应利益相关方的合理期望与诉求，促进利益相关方参与，加深彼此的沟通、了解、信任和合作，从而推进企业社会责任工作。公司依据责任、影响力、接近度、依赖性、代表性等识别标准，识别和定位与自身活动、产品和服务相关的主要利益相关方，包括政府、员工、客户和消费者、合作伙伴、非政府组织和有关机构、社区及公众等（见表2-1）。

中国石油注重推动利益相关方参与企业重大决策和相关活动，遵循诚信、互动、平等的原则，建立了一套较为完善的利益相关方沟通参与机制。通过多种方式收集、整理和分析利益相关方的期望与诉求，广泛邀请利益相关方参与企业可持续发展的相关决策和活动，例如采取职工代表大会、信息告知、研讨会、对话交流、共同行动等多种方式，开展加油体验日、大学生记者团走进中国石油、能源专家行、开门开放办企业等多种活动。其中，公司可持续发展委员会下设专门的外部专家咨询组，通过定期召开沟通会，听取专家对公司社会责任管理与实践方面的专业建议，为公司决策提供支持，对推动公司社会责任/可持续发展管理具有重要作用。

在与利益相关方的沟通方式上，中国石油特别重视建立健全社会责任信息披露机制。公司于2006年建立企业社会责任报告发布制度，开通企业社会责任信箱，并于次年发布首份社会责任报告，由此成为中央企业中最早发布社会责任报告的企业之一。此外，还综合运用社会责任子网站、官方微信、微博、微门户、手机阅读及无障碍阅读等传统媒体和新媒体等手段，加强社会责任日常信息披露，丰富社会责任信息传播形式，提升沟通效果。

中国石油：价值引领型社会责任管理

时至今日，中国石油已连续 16 年发布社会责任报告，连续 14 年发布国别报告，连续 10 年发布优秀社会责任实践案例集，连续 7 年发布环境保护公报，还发布了一系列专项报告，例如《中国石油扶贫开发（2016—2020）》《中国石油绿色发展报告》《西气东输企业社会责任专题报告》《中国石油油品质量升级报告》等，以报告真实反映中国石油履行经济、环境和社会责任的实质性进展，真正做到了多角度、全方位、深层次向利益相关方提供信息，广泛接受利益相关方监督，履行了良好的企业公民责任。

表 2-1 中国石油利益相关方沟通表

利益相关方	期望与诉求	沟通参与方式	中国石油的行动
政府	·保障能源安全 ·稳定市场供应 ·履行社会责任 ·应对气候变化 ·依法合规运营 ·保护生态文明 ·深化企业改革 ·保障出资人权益	·依法经营，诚实守信 ·响应政府号召，接受监管 ·为制定能源政策、法律法规及行业标准贡献企业经验 ·改善产品、工程和服务质量 ·提升环保业绩	·转变发展方式，增加资源潜力，推进技术创新，保持良好运营，实现国有资产保值增值 ·配合国家能源战略，优化能源结构，保障能源供应 ·推进国家重点实验室建设，承担并完成重大科技创新研究项目

第二章 融合：理念引领，责任要求融入管理体系

续表

利益相关方	期望与诉求	沟通参与方式	中国石油的行动
员工	·员工权益保障 ·员工职业发展 ·员工价值实现 ·员工安全健康	·支持各级工会组织 ·召开职工代表大会 ·加大员工培训力度 ·完善薪酬分配制度 ·举办竞赛、评选活动	·大力实施人才强企工程 ·健全完善员工成长机制 ·加强员工培训，举办职业技能竞赛 ·保障员工劳动报酬、教育培训、休息休假、劳动保护等各项合法权益 ·持续开展员工职业健康体检和扶贫帮困活动
客户和消费者	·提供安全、环保、优质的产品 ·提供优质服务 ·提高用户满意度 ·建立沟通机制 ·倡导可持续的消费模式 ·保护消费者隐私 ·完善消费者申诉机制	·开展关爱消费者活动 ·开展产品质量监督抽查 ·征询客户和消费者意见	·增加清洁油品供应，提前供应京ⅥB标准汽柴油 ·推进中国石油"质量月"活动 ·多措并举供应天然气等优质高效清洁能源及产品 ·建设统一的加油站管理系统，开展加油站综合检查 ·实施客户满意度调查，开展神秘顾客访问

中国石油：价值引领型社会责任管理

续表

利益相关方	期望与诉求	沟通参与方式	中国石油的行动
合作伙伴	·遵守国家法律法规和商业道德 ·规范HSE（健康、安全和环境）管理 ·公平竞争、平等互利 ·在产业链中促进社会责任	·通过电子交易平台推广电子采购 ·分享管理经验与技术标准 ·加强供应商、承包商沟通	·公平竞争、规范运营，全面推广电子采购和管理平台的应用 ·强化设计、采购、施工和监理等关键环节控制，加强供应商和承包商HSE管理
非政府组织和有关机构	·参与公共政策、行业标准的研究讨论 ·关注行业发展趋势和政策动向 ·推动企业和行业的可持续发展 ·开展社会发展和环境保护领域合作	·贡献企业经验 ·参与会议、论坛等互动活动 ·增进国际交流与合作	·针对外界关注的问题进行交流 ·参加战略合作高层论坛，就打造高效、安全、富有竞争力的供应链进行探讨
社区及公众	·促进社区发展 ·保护社区环境 ·增加社区就业 ·支持教育、公共健康等公益事业 ·开展社会投资 ·提升可持续发展能力	·提供教育培训和就业机会 ·促进文化交流 ·开展社区走访	·扶贫帮困、抢险救灾、捐资助学、支援灾区重建 ·实施乡村振兴项目 ·以重大项目建设支持和带动地方经济发展 ·实施煤改气等项目，减少大气污染 ·扶持中小企业发展，推进当地采购

第三节 影响识别，驱动责任管理

中国石油以依法合规、承担责任、公正透明、尊重利益相关方为原则，以国际倡导的社会责任关键议题为参考，结合企业属性与行业特点，识别出对于企业发展至关重要的八项议题。议题包括能源供应、环境保护、组织治理、尊重人权、公平运营、劳工实践、消费者权益、社区参与和社会公益等内容，作为中国石油社会责任管理体系的重要内容，为企业社会责任管理机制的良好运转发挥了驱动作用。

中国石油把社会责任管理视为公司深入推进治理体系和治理能力现代化的重要组成部分，自2012年起大力推进社会责任管理体系构建，发展至今已形成了较为完善的有顶层设计、有组织保障的社会责任管理体系。通过完善社会责任组织管理、加强社会责任管理能力建设和健全社会责任相关制度建设，推动上述八项内容的社会责任工作落到实处。

一、完善责任管理

2011年以来，中国石油着力提升社会责任管理水平和能力，搭建组织机构和运行机制，形成了社会责任管理工作委员会领导、主管部门牵头组织、业务部门分工负责、企事业单位全面参与的社会责任管理工作机制，切实保障公司社会责任理念与规划的推进，更为直接地彰显公司对于社会责任的重视程度。

中国石油于2011年在公司总部建立社会责任管理工作委员会，主要负责制定社会责任策略和规划。社会责任管理工作委员会由一名公司领导担任主任、总部各个部门负责人组成，对各部门的社会责任工作发挥了一定程度的监督作用。在委员会下设办公室，作为社会责任管理工作委员会的执行机构，负责组织、协调社会责任工作的规划和实施等相关工作，进一步保障中国石油社会责任工作的开展。

中国石油还在社会责任管理工作委员会下创新性地设置外部专家咨询组。通过定期召开沟通会议，听取外部专家对公司社会责任管理与实践方面的专业建议和指导，为公司决策提供支持。由此形成外部利益相关方直接参与管理公司的特色模式，成为中国石油不断完善自身责任管理的重要抓手。

二、加强能力建设

中国石油积极开展社会责任领域的相关研究，推进社会责任教育和培训以及与国内外有关机构的社会责任交流，持续提升公司全员对社会责任的认识和履责能力，先后开展《中国石油社会责任管理研究》和《中国石油社会公益管理》等专项研究，致力于提升公司社会责任管理能力建设。

自 2007 年起，公司每年举办企业社会责任工作培训班，积极推进多层次、多形式的社会责任培训，并将社会责任培训纳入公司教育培训的整体规划。同时，鼓励员工参加各类 CSR（企业社会责任）培训和专业交流活动，提高社会责任专、兼职人员的业务素质。自 2012 年起开展中国石油社会责任优秀实践案例征集活动，编发《中国石油优秀社会责任实践案例集》，以此提高所属企业的履责意识和工作水平，将社会责任管理能力建设渗透到集团公司的各个层面。

除了自身能力建设之外，中国石油还注重加强上下游供应链的能力提升。公司坚持"全球寻源、开放合作、资源共享、互惠双赢"的供应商管理理念，实行供应商全生命周期闭环管理。积极引导供应商加强依法经营，遵守商业道德，履行社会责任。同时注重增强当地供应商进入供应链的能力，为供应商提供制度建设、HSE 体系审核、安全管理、应急处置等培训，确保供应商和承包商能够遵守中国石油统一的质量、环境、健康和安全标准，以及反商业贿赂、反腐败有关政策规定，持续提高产品和服务的可靠性和环境可持续性。

三、健全责任制度

完善的组织和健全的制度是中国石油社会责任工作顺利开展的前提和保障。中国石油的社会责任管理制度建设可追溯至2006年，在当时新修订的《中华人民共和国公司法》（以下简称《公司法》）中明确提出要履行社会责任。次年，中国石油开展企业社会责任专项课题研究，对责任范畴和责任指标体系等进行系统分析研究，开始逐渐形成中国石油社会责任理念和可持续发展模式。在集团公司社会责任工作管理委员会统一领导下，公司进一步完善社会责任组织管理体系和工作保障机制。以制度规定各企事业单位设立归口管理部门，为社会责任工作提供必要的资金支持和物质保障；不断健全组织责任制度，加强社会责任议题管理，建立机构完整、责权明确、运转高效的社会责任推进工作长效机制。

针对经济、环境和社会三大责任领域，中国石油制定了"1+N"制度体系，以《指引》为可持续发展管理的纲领性文件，围绕公司治理、安全环保、低碳发展、产品质量、员工健康和社会公益等方面，持续完善各项工作制度和规范，为社会责任管理奠定了坚实的基础。《指引》于2014年发布，以ISO 26000《社会责任指南》为主要参考依据，共四章22条。中国石油在该指引中完整阐述了公司履行社会责任的八项重大议题，明确提出推进社会责任工作的五大措施，对公司提升履责实践水平、社会责任管理水平和社会责任绩效均具有良好的指导作用。

四、识别责任议题

中国石油认为,正确理解社会责任工作内涵和范畴是履行好社会责任的关键。公司遵循依法合规、承担责任、公正透明、尊重利益相关方的原则,参考国际倡导的社会责任关键议题,结合企业属性和行业特点,识别出能源供应、环境保护、组织治理、尊重人权、公平运营、劳工实践、消费者权益、社区参与和社会公益八大责任议题,并由此展开一系列的履责实践。

应对能源挑战、满足不断增长的能源需求,是中国石油的使命和责任。中国石油坚持科技与发展、科技与生产紧密结合,依靠科技进步提高油气产量、降低生产成本;采用先进技术和手段,持续加强油气资源勘探开发,确保资源接替,夯实资源基础;持续提高油气资源开发和利用效率,不断增加天然气等清洁能源在能源供应中的比重,切实发挥新能源在构建可持续能源供应体系中的作用,努力构建稳定、清洁、经济、安全的能源供应体系;树立全球视野和战略思维,合作构建全球能源安全链,为人类社会的繁荣和发展提供不竭的能源动力。

保护环境是企业社会责任的重要内容。中国石油自觉将决策和活动对环境的影响纳入整体考虑,加强资源节约和有效利用,严格控制污染物排放,致力于减少企业生产运营对环境与气候造成的消极影响,积极预防并努力修复因生产运营和人为活动造成的环境影响。关注并积极应对气候变化,践行空气清洁行动,保护生物多样性,努力实现安全生产、绿色生产、节约生产,大力倡导生态文明,实现能源与环境和谐共生。

组织治理是中国石油履行社会责任的关键因素,既是企业社会责任的核心议题,也是提高履责能力的具体途径。公司以担责、透明、道德、尊重利益相关方、尊重法制和尊重国际行为规范为原则,将社会责任原则和核心议题纳入企业战略决策、融入公司运营，积极将社会责任内化为企业经营理念，建立符合企业发展战略、经营业务和文化特色的社会责任观，加强社会责任机制建设，建立并完善激励有效、约束有力的社会责任融入长效机制。

尊重和保障人权是国际共识。中国石油注重尊重人权，承诺支持《联合国人权公约》，并在公司影响范围内支持、尊重和保障人权。公司注重保障员工合法权益，积极保护消费者权益，努力降低生产运营活动对社区环境和社会的影响，维护业务所在社区居民的人权。同时，着力构建尊重人权的文化氛围，培养和提升员工尊重人权的意识，并使其自觉融入个人行为方式之中。

公平运营是推动行业共同发展、确保中国石油与各利益相关方共同遵守道德行为标准的基础。公司在自身影响范围内，通过惩治和预防腐败、公平竞争、尊重产权等发挥带动作用，推动产业链共同履行社会责任。

创造就业和支付劳动报酬是企业重要的经济与社会贡献之一。中国石油坚持平等和非歧视的用工政策，高度重视和维护员工各项合法权益，为员工搭建良好的成长平台，大力推进海外业务员工本地化和多元文化融合，关注员工职业健康，积极改善员工工作环境和生活条件，努力把企业发展创新成果惠及全体员工，实现企业与员工的共同成长。同时，倡导和鼓励合作伙伴践行高标准的劳工实践，共同努力为更多人提供公平、尊重、安全的劳动环境和体面工作，为维护社会公平正义与和谐稳定贡献力量。

为维护和保障消费者权益，中国石油坚持以负责任的方式为消费者提供友好的产品和服务。在提供产品和服务的过程中，公司综合考虑其活动对消费者的影响，确保产品与服务的健康、安全，努力维护消费者各项合法权益。推动消费者教育，倡导有利于社会可持续发展的消费模式，最大限度地减少不良消费习惯对社会和环境造成的负面影响。

参与社区建设和热心公益事业是中国石油社会责任的重要组成部分。社区是中国石油重要的利益相关方之一，公司发展离不开社区支持。多年来，中国石油积极参与社区建设，着力保护文化遗产，促进和支持当地教育文化事业，创造就业机会并支持当地中小企业和社区创业者发展，关注社区各类人群卫生健康，热心参与慈善捐赠，通过各种方式为社区经济发展注入动力和活力，赢得社区和全社会的理解、支持和尊重。

第四节 系统管理，创造综合价值

中国石油发挥价值引领作用，将社会责任环境和社会要求融入公司日常运营中，通过不断加强影响管理，积极应对社会、环境影响，将社会责任管理融入集团管理系统中，同时围绕公司治理、安全环保、低碳发展、产品质量、员工健康和社会公益等风险识别议题，持续完善各项工作制度和规范。

一、影响管理

公司在价值追求引领下，将社会责任理念纳入公司发展战略，通过不断加强影响管理，将社会责任管理融入集团管理系统中，在各项制度体系中纳入社会责任相关要求。根据公司履行社会责任的八项重大议题，识别出相关业务单元涉及的社会责任风险和机遇点，并将其融入公司年度管理目标和绩效指标中，明确每个业务单元的履责方向和工作重点，使履行社会责任深入每个员工的日常工作中。

以价值追求为指导。中国石油根据"绿色发展、奉献能源，为客户成长增动力，为人民幸福赋新能"的价值追求，提炼出"主动履行经济、环境和社会责任,做全球优秀企业公民"的社会责任战略目标,将"绿色低碳""创新驱动"等社会责任理念融入公司发展战略,提出"创新、资源、市场、国际化、绿色低碳"战略,关注能源供应、环境保护、组织治理、尊重人权、公平运营、劳工实践、消费者权益、社区参与和社会公益的影响,追求实现经济、环境和社会综合价值的最大化。

制定履责目标和绩效指标。公司在日常运营中落实战略中的可持续要求,根据履行社会责任的八项重大议题,识别与各业务单元自身职能或业务相关的社会责任影响点,并确定、评估影响和机遇。根据识别出的相关影响点调整运营策略和计划,将影响改进融入工作目标和规划。参考《指引》中设立的社会责任指标体系,将社会责任要求融入业务单元绩效指标中,通过目标和绩效指标的设立助力公司降低负面影响。在日常工作实施中对于所确定的影响,选择并实施影响响应的措施和行动,逐步回应和应对影响。各业务单元需定期监测、复核影响回应情况,根据复核结果持续改进自身影响管理和社会责任工作实施状况。

拟定各领域管理策略。公司不断加强影响管理,将社会责任管理融入集团管理系统中,遵循"1+N"制度体系,以《指引》为责任管理的纲领性文件,围绕公司治理、安全环保、低碳发展、产品质量、员工健康和社会公益等风险识别议题,持续完善各项工作制度和规范。建立合规管理体系,建立科学完备、运行有效的管理体系,员工行为规范受控,保障公司依法合规经营、持续健康发展;建立内部控制与风险管理体系,逐步形成体系完整、全面控制、执行有效的管理体系;建立QHSE体系,通过全面实施油、气、水、井质量三年集中整治,全面推进安全生产专项整治三年行动计划,着力抓好污染防治和能源管控等措施,致力于建立一个规范运行、风险受控、持续改进的QHSE体系;建立反腐败体系,为巩固发展反腐败斗争压倒性胜利,健全完善监督体系，加强对权力运行的制约监督而不懈努力。通过各项工作制度和规范的建立，落实影响管理，逐步将社会责任融入公司管理运营全过程。

例如，中国石油基于"绿色发展、奉献能源，为客户成长增动力，为人民幸福赋新能"的价值追求，自觉推动可持续发展，将"绿色低碳""创新驱动"的可持续发展理念融入发展战略，制定了"3060"目标下的绿色低碳发展路径和科技总体目标。通过QHSE体系将战略目标和分解任务落实到日常经营和管理过程中，下属单位和部门落实战略要求开展相关实践活动，其中油气和新能源业务部门推动天然气产量快速增长，在多地持续开展"煤改气"工程，并在华北油田、塔里木油田等条件成熟地区，利用地热和太阳能等可再生能源作为生产自用能，减少生产过程中的碳排放。科技业务部门针对绿色生产、低碳转型、保障能源安全等方面，开展相关技术攻关，提升作业废液处理率，降低能耗，开发新产品。人力资源部门为助力能源转型、技术创新，开展员工技能提升，培养一支有创新精神、专业能力和创新创效能力的团队，为绿色低碳发展提供人才支撑。

二、绩效评价

公司定期开展调研、评估和汇报，监测实施情况并开展绩效考核；通过编制报告、网站信息公开等手段进行信息披露，起到监督和评估的作用。

开展绩效考核。中国石油经过多年的体制机制改革与管理制度的不断完善，于2014年已探索建立了一套较为完备的社会责任管理业绩评价体系，对公司社会责任实践与管理工作的开展和提升具有重要的指导意义。中国石油开展社会责任业绩评价，首先根据考核和评估内容，建立了一套完整的社会责任指标。其指标来源于GRI（全球报告倡议组织）和《石油与天然气行业可持续发展报告指南》等标准的相关规定，并囊括了公司发展需求和国家政策倡导的相关内容。该指标体系分为社会责任内容和社会责任业绩沟通两大板块，分别从定性与定量角度全面衡量公司的履责实践。其中，社会责任内容指标明确列出八大议题38项目标，三级指标共计119项，完整覆盖环境、员工、社区、社会、政府等重要利益相关方。社会责任业绩沟通则是针对关键绩效披露的一套指标，共计52项，主要涵盖经济、安全环境、员工和社会公益四个方面，以数据的方式更为直观地展现公司履责实效。

披露履责信息。中国石油为提升企业运营透明度，保障利益相关方知情权和监督权的重要途径，持续加强信息披露。公司不断建立健全社会责任信息披露机制，规范披露渠道、程序和内容，建立定期的社会责任报告和社会责任专题报告编发制度，从2007年作为中央企业中最早发布社会责任报告的企业之一发布首份社会责任报告以来，中国石油已连续16年发布社会责任报告。拓宽信息披露渠道和内容，定期发布集团层面的社会责任报告，海外国别报告及环境、扶贫主题社会责任专题报告，项目社会责任专题报告，优秀社会责任实践案例集等，持续发布上市子公司环境、社会和管治（ESG）报告[①]，与利益相关方沟通履责信息。加强社会责任信息披露力度，定期收集和处理社会责任相关信息，搭建企业网络平台，开通企业社会责任信箱并创办社会责任子网站，围绕政府和社会关注的热点问题及利益相关方的期望和诉求，及时准确地回应和披露企业履责的重要信息。整合公共媒体和自有媒体资源，综合运用报刊、社会责任子网站、官方微信、微博、手机阅读及无障碍阅读等传统媒体和新媒体手段，丰富社会责任信息传播形式，通过多种方式加强社会责任日常信息披露，与内外部利益相关方加强沟通，履行良好的企业公民责任。

---

① ESG是指环境、社会和公司治理，香港及海外均译为环境、社会和管治。

三、持续改进

中国石油在定期监测、复核影响回应情况的基础上，开展问题分析、年度总结，根据复核结果持续改进自身影响管理和履责状况。公司将社会责任指标纳入公司各部门、各单位的业绩考核评价内容，并以此为依据对员工社会责任工作的行为和结果进行具体评价，从而进一步发挥社会责任绩效评价机制的激励与约束作用，自上而下地将社会责任管理要求落实到员工个人的实际工作中去，提升员工对本职工作综合价值的认知，激发员工的社会责任意识，促进公司社会责任管理。中国石油以《社会责任指标体系》规定的 119 项具体履责行动，以及 52 项社会责任业绩沟通指标为基础，每年通过《社会责任报告》公开披露各项履责行动进展，以及连续 3 年的关键社会责任绩效数据，为公司持续改进社会责任绩效奠定基础。公司总部各部门及各所属单位对标社会责任指标进展与绩效情况，分析存在的问题和不足，制订改进计划，实施改进措施，不断提升可持续发展能力，确保实现既定的社会责任工作目标。

第三章

践行：系统推进，
责任实践助力价值创造

第三章 践行：系统推进，责任实践助力价值创造

航向清晰，方能行稳致远。中国石油全面贯彻新发展理念，服务和融入新发展格局，牢牢把握稳中求进工作总基调，遵循"四个坚持"兴企方略和"四化"治企准则，坚持问题导向、目标导向、结果导向，以价值追求为纲领，以强化战略战术执行为抓手，系统牵引谋篇布局，将责任理念全面融入企业经营管理，推动可持续发展能力提升，全力开创公司高质量发展新局面，为保障国家能源安全、稳定宏观经济大盘、保持社会大局稳定做出积极贡献。

第一节 着力提供安全稳定的能源供应

自工业革命以来，能够利用稳定可靠、经济合算的清洁能源一直是保持全球经济增长和持续繁荣的重要基石，21世纪，人类对能源的获取和利用也必须具备可持续性的特点。然而，未来全球能源供应将面临双重巨大的挑战：一方面，全球人口持续增长将产生巨大的能源需求，能源供给压力陡增的同时，能源获取不平等问题依然突出；另一方面，应对气候变化已成为全球能源发展的重要任务。在当前全球能源格局深刻调整的局面下，能源企业需要加强合作、共克时艰、发掘新机遇、谋求可持续发展。作为油气行业的主要参与者、中国最大的油气生产供应商，中国石油已将"绿色低碳"纳入公司发展战略，积极践行"绿色发展、奉献能源，为客户成长增动力，为人民幸福赋新能"的价值追求，始终致力于与政府、产业链上不同企业积极开展合作，在满足未来能源需求的同时，努力提供清洁低碳、安全高效的能源，为中国2060年前实现碳中和目标贡献石油力量。

一、科技创新，赋能能源供应

世界进入百年未有之大变局，科技创新成为国际战略博弈的主战场，围绕科技制高点的竞争空前激烈。中国石油历来高度重视科技工作，主动肩负起国家战略科技力量的使命与担当，把创新战略放到公司发展全局的核心位置，不断加大科技投入和技术研发力度，围绕产业链部署创新链，依靠创新链提升价值链，以科技创新驱动高质量供给，解决平等获取能源、降低碳排放、提高能效、数字化发展等全球性问题。

中国石油坚持"四个面向"，从国家急迫需要和长远需求出发，紧紧围绕推动油气行业高质量发展，将科技创新总体目标分为四步走：第一步，2025年，基本解决油气产业链关键技术问题，科技实力和信息化水平在国家油气创新体系中的地位更加稳固；第二步，2030年，基本实现高水平科技自立自强；第三步，2035年，基本建成国家战略科技力量和能源与化工创新高地；第四步，21世纪中叶，全面建成国家战略科技力量和能源与化工创新高地。

1. 搭建创新平台

中国石油始终把打造与世界水平综合性国际能源公司相适应的创新科研平台，作为加强科技创新能力、支持产业链发展、推动清洁能源转型的主引擎、主抓手。通过积极推进创新平台建设，各类创新科研机构呈量质并举的良好态势，为可持续的能源供应提供重要的平台支撑。国家能源陆相砂岩老油田持续开采研发中心等4个国家级平台获批建设，公司新建纳米化学、碳-化工、天然气水合物、物联网等8个新领域科技平台。截至2021年年底，公司拥有93家科研院所，建成21家国家级研发平台、55个公司级重点实验室和试验基地，涵盖上、中、下游产业链，支撑并引领公司可持续发展。

2. 推进数字化转型

信息化作为驱动企业转型升级和创新发展的有效途径，正在发挥越来越重要的作用。特别是以大数据、云计算、物联网及5G等为代表的新一代技术，正在加速与传统油气工业融合，从而推动企业向数字化主导的现代化运营新模式转变。中国石油顺应信息技术快速发展的趋势，在建设智能油田、智能炼厂、智慧管网、智慧加油站等方面不断取得新进展，为石油石化高质量发展持续注入新动能。

信息化建设迈上新台阶。公司通过持续推进信息化建设，自动化控制（DCS）、企业资源计划（ERP）、制造执行系统（MES）等传统信息系统已基本覆盖下属炼化企业，解决了工业控制、信息传输等问题。同时，加速布局数字化应用，推进智能工厂建设，长庆石化等智能制造示范试点在行业内树立了良好的典范。公司在独山子石化、四川石化、广西石化、云南石化、大连石化也基本建成了智能工厂1.0。与此同时，广东石化2000万吨/年炼化一体化项目及长庆和塔里木两套乙烷制乙烯项目在建设之初即固化智能基因，以数字孪生、智能物联、大数据等技术赋能建设"绿色、智能、效益型世界级炼化基地"。

数字化转型、智能化发展取得新进展。公司大力开展AI技术应用，在数字化转型的道路上积极探索。截至2019年年底，中国石油累计建成各类数字化井14.4万口、场站9804座，约占中国石油井、站总数的52%和43%。其中，长庆、塔里木、西南、大港、青海、吐哈、冀东等10个油气田实现了初步数字化、可视化、自动化，并取得了显著的经济和社会效益。川庆钻探建成公司首支数字化转型试点队，国内首批服务冬奥新标准加油机器人在河北张家口崇礼加油站上线。

"梦想云"开启智慧油气新征程。中国石油于2020年发布国内油气行业首个智能云平台——"勘探开发梦想云2020"①（以下简称"梦想云"）。"梦想云"平台覆盖勘探开发、协同研究、经营管理等业务，是针对石油勘探开发领域的通用开放可扩展的人工智能计算平台，为业务创新提供了智能化的驱动引擎和开发生态，降低了人工智能应用的门槛，为油气勘探开发科研、生产管理提供智能化分析手段，进一步帮助油气勘探开发实现"增储上产"和"提质增效"的目标。

在"梦想云"的助力下，中国石油上游业务逐步迈向数字时代。油气生产物联网建设的井站覆盖率大幅提升，助力生产实现自动化，中小井站无人值守，大型站厂人少高效；油气生产组织由五级到三级，推动了传统石油工业生产组织模式转型；物探地震层位解释一个月的工作量缩短至三天完成；智能作业示范区构建和应用老油气井复查智能工作流，较人工复查提升工作效率50倍以上，解释符合率比单纯人工解释提高20%以上，油气层识别准确率达到90%。

> **案例：中国首个5G智能炼厂在长庆石化落地**
>
> 2021年6月10日，国内首个"5G专网全覆盖、5G运营全流程、5G合作全生态、5G应用全场景"智能炼厂在长庆石化落地。通过部署5G工业专网、移动边缘计算（MEC）平台，构建高速率、大带宽、低时延、高可靠的5G云网基础设施，满足了长庆石化在网络延时、数据安全等方面的应用需求。
>
> 在MEC平台上部署的5G+动设备智能预警系统，可自动跟踪厂区内数百台动设备的运行状态，进行24小时不间断实时计算和精准感知，故障预警准确率达95%以上，有效降低了设备的故障发生率和维修保养成本，保障了炼油生产的安全稳定运行。
>
> 长庆石化还利用5G、数字孪生和视觉识别先进技术，建立了智能辅助巡检路线，有效提高了生产运行的受控管理水平。

---

① 中国石油发布"勘探开发梦想云2020"，《中国青年报》，2020-11-29。

3. 取得丰硕科技成果

中国石油以国家油气科技重大专项为引领，以公司重大科技专项为核心，加大科技创新力度，在基础性、战略性、原创性研究领域全力攻坚，加快突破一批关键核心技术，形成一批创新理论和具有自主知识产权的新技术、新产品，取得众多创新成果。

复杂地质条件下实现增储上产。中国石油切实践行"能源的饭碗必须端在自己手里"的重要指示精神，坚定不移增储上产。2021年，创新形成深层/超深层油气勘探开发理论与技术，支撑塔里木盆地首次在库车山前8000米以深获工业气流，支撑新发现千亿立方米整装规模大气藏。自主研制DS系列抗盐聚合物等三类化学驱油剂，应用400余口井，为大庆油田化学驱连续20年1000万吨持续稳产提供支撑。创立中国陆相页岩油富集地质理论，创新页岩油水平井优快钻井、大平台－井工厂立体开发等技术体系，加快推进准噶尔盆地吉木萨尔、松辽盆地古龙等国家级页岩油示范区建设，有效指导和推动陆相"页岩油革命"，助力长庆、新疆等油田实现页岩油规模建产。

助力绿色生产、低碳转型。中国石油针对非常规及深井/超深井油气资源规模开发带来的复杂体系作业废物处理难题开展攻关，建成11个示范工程，作业废液处理率90%以上，创造经济效益超过4亿元。开展CO_2捕集、驱油与埋存技术攻关，在吉林油田累计注入CO_2超过450万吨，埋存CO_2超过370万吨，CO_2注采产油超过150万吨，持续保持国内领先。自主开发百万吨级乙烷制乙烯成套技术，关键技术指标国际先进，应用于长庆乙烷制乙烯国家示范工程，节能效果显著，烟气NOx含量及废碱液排放量大幅降低。

提高能效，降低成本，保障能源安全。中国石油在国际上率先突破低频地震信号激发的技术瓶颈，成功研发高精度宽频可控震源，大幅度提高了成像精度和储层预测能力，成为高精度、高效率深部油气勘探利器，助力深部油气勘探取得大面积的突破。成功研制多维高精度成像、随钻地层评价成像等CPLog（多维高精度成像测井系统）测井装备；全面升级换代测井交互精细融合处理平台（CIFLog3.0），实现测井全流程覆盖，CIFLog（第三代测井处理解释系统）五年累计处理井次超10万口，数据覆盖25个国家40多个油气田。发展长水平段"一趟钻"技术集成应用，推动水平井数、水平段长、产量和效益持续增加，长庆油田水平段长度不断刷新国内陆上水平段纪录。大庆古龙页岩油钻井周期降至20天以内。持续推进高档润滑油、高等级沥青、合成橡胶等特色新产品开发与生产，支撑炼化产品结构优化和提质增效。高铁"复兴号"专用润滑油护行总里程累计超过1.5亿千米，实现了中国齿轮箱油的追赶和超越。开发新一代特高压变压器油，有力保障系列特高压输电工程建设及安全运行。

> **案例：西部钻探定向井技术服务公司技术创新助力降本增效**
>
> 2021年，西部钻探定向井技术服务公司自主研制的水力振荡器，累计进尺达到12.64万米，在新疆油田市场占比75%以上，实现钻井提速30%以上，成为保障油田效益开发的利器。西部钻探大力实施创新战略，解难题、铸利器，加快成果转化应用，将技术成果惠及生产经营全过程，提升科技含金量，建设公司战略科技力量和工程技术创新高地。2021年，西部钻探公司推广应用20余项新技术新产品，拉动钻井提速12%、压裂提效20%，科技创效突破4亿元，实现自研利器应用规模"量"的跨越和提速提效"质"的提升。

二、面向未来，开发清洁能源

中国石油着眼于未来清洁能源可持续供应，践行绿色和谐发展，大力发展天然气，特别是加快非常规天然气开发利用，加快新能源、新材

第三章 践行：系统推进，责任实践助力价值创造

料布局，满足社会对清洁、高品质能源及产品的需求。

1. 加大天然气供应

天然气是化石能源向清洁能源过渡的桥梁，大力开发利用天然气是贯穿绿色低碳转型发展的基础性工程。中国石油把天然气作为战略性、成长性和价值性业务，持续加大勘探开发力度，推进致密气、页岩气、煤层气等非常规天然气开发，多渠道引进国外天然气资源，构筑多元化清洁能源供应体系。

持续提升天然气供应能力。中国石油积极响应国家号召，推进"气化中国"工程。经过多年集中勘探，在塔克拉玛干沙漠腹地、塔里木河南部富满地区，新发现10亿吨级超深大油气区，成为近10年塔里木盆地石油勘探最大发现。公司国内天然气产量连创历史新高，2020年国内天然气产量首次超过原油，实现历史性突破，2021年天然气产量当量在油气产量当量占比51.4%，连续两年突破1亿吨，油气结构进一步优化。同时，公司加强与海外资源国沟通协调，积极推动中俄天然气提前增供，开展进口管道气价格谈判和进口LNG（液化天然气）价格复议，进口天然气量持续增长。

积极扩大非常规资源勘探开发[①]。公司加大页岩油、页岩气、煤层气、致密气的开发力度，非常规资源勘探开发技术取得较大进步。"十三五"期间，以非常规油气为代表的低品位资源逐渐成为中国石油勘探开发的主体，非常规天然气占新增天然气探明储量的90%以上，在四川泸州地区形成国内首个万亿立方米深层页岩气储量区；在长庆油田建成我国最大的致密气生产基地；大庆油田依靠自主创新发现预测地质储量12.68亿吨页岩油，实现了从陆相页岩生油到陆相页岩产油的理论

---

① 李国欣，雷征东，董伟宏，等.中国石油非常规油气开发进展、挑战与展望[J].中国石油勘探，2022，27（1）：1—11.

突破及页岩油勘探开发关键工程技术突破。截至 2020 年年底，中国石油累计探明页岩油地质储量 $7.58\times10^8 t$、页岩气地质储量 $1.1\times10^{12} m^3$、致密气地质储量 $2.7\times10^{12} m^3$、煤层气地质储量 $0.7\times10^{12} m^3$。

中国石油非常规油气开发不仅伴随着"量"的增加，更是实现了"质"的提升。重点项目推进顺利、贡献凸显，四川盆地古生界志留系－奥陶系页岩气采用"控压配产"理念，平均单井最终可采储量（EUR）由 $0.9\times10^8 m^3$ 提升至 $1.2\times10^8 m^3$；庆城油田页岩油通过开发方案优化，预测单井 EUR 由 $2.1\times10^4 t$ 增加为 $2.6\times10^4 t$；玛湖致密砾岩油藏玛 131 小井距试验区生产能力强劲，预计一次采收率将达到 25% 以上。

推进天然气综合利用与替代。中国石油积极推动天然气在城市燃气、工业燃料、天然气发电、化工原料、车用燃料等方面的综合利用。加快推进实施天然气替代燃煤改造工程，建设零燃煤示范区。持续开展"煤改气"工程，气化雄安、气化河北、气化长江等项目不断推进，让清洁能源惠及千家万户。

2. 发展新能源新业务

中国石油加快构建多能互补新格局，将新能源业务纳入主营业务发展，围绕风、光、热、电、氢实施一批新能源项目；同时加强氢能、新材料、碳捕获与封存（CCS）技术/碳捕获、利用与封存（CCUS）技术、新能源服务支持战略布局，超前储备一批清洁低碳关键核心技术。

逐步提高清洁能源比例。2021 年，公司首次将新能源业务提升为第一大业务板块，与油气业务并列。面向全球成立了三家研究院——中国石油迪拜研究院、中石油深圳新能源研究院有限公司和中石油（上海）新材料研究院有限公司，统筹推动关键核心技术攻关和新能源、新材料科技进展，推动中国石油向"油、气、热、电、氢"综合性能源公司转型。

第三章 践行：系统推进，责任实践助力价值创造

> **案例：中国石油玉门油田东镇 20 万千瓦光伏发电项目并网成功**
>
> 2021 年 12 月 27 日，中国石油玉门油田东镇 20 万千瓦光伏发电项目并网成功，这是公司首个成规模的集中式并网发电示范工程，标志着中国石油新能源业务发展迈出了坚实一步，清洁电力业务取得新成效。该项目建成投运后，年发电量约 4 亿千瓦时，节约标煤 11.43 万吨，减排二氧化碳 28.01 万吨，在减少污染物排放效果上起到了积极的示范作用。

大步迈向氢能世界。按照"战略布局、稳步推广、规模发展"三步走阶段部署，中国石油坚持系统发展氢能制储，运用产业链、创新链、价值链重点发力，多元化制氢、低成本高效储运氢，打造国内领先的氢能供应商、贸易商、服务商。

中国石油有序部署氢提纯项目，在环渤海、陕甘宁、华南、西南、新疆、黑龙江、吉林等 7 个区域部署建设 19 个氢提纯项目，发挥现有制氢能力和副产氢资源与二氧化碳捕集利用相结合，实现"蓝氢"供应，预计到 2025 年，中国石油高纯氢供应能力将达到 3 万吨/年。积极推动"油气氢电非"综合能源服务站建设，提高城市交通用氢供应能力，开拓经济半径内的工业用氢市场，形成以油气为主、多能互补的绿色发展增长极。截至 2021 年年底，中国石油投用高纯氢供应能力 2000 吨/年，建成 8 座加氢站（综合能源服务站），具备加氢能力 7 吨/日。其中，崇礼太子城等 4 座加氢站为北京冬奥会 816 辆氢燃料电池车提供保障，点燃冬奥历史上首支绿氢火炬。

中国石油还成立了氢能研究所，加入中国氢能联盟，充分发挥在化学化工和新材料领域的基础优势，构建蓝氢、绿氢多元供氢，进行氢-电、电-氢相互转化，建立氢气储存、运输、终端加注供应链。

> **案例：中国石油清洁能源助力"绿色冬奥"**
>
> 2022 年，北京冬奥会期间，中国石油作为"北京 2022 年冬奥会和冬残奥会官方油气合作伙伴"，积极践行"绿色办奥"理念，产运储销全产业链发力，为北京冬奥会提供优质安全清洁的能源供给。中国石油累计向冬奥场馆建设及交通工具提供汽柴油超 1000 吨、LNG 燃料 372 吨，为赛事用车及火炬供应绿氢和高纯度氢燃料 147 吨；自 2021 年冬季的供暖期开始，向北京、河北两地供应天然气 98.99 亿立方米，全力护航"绿色冬奥"。
>
> 中国石油积极落实国家相关部委及冬奥组委相关要求，提前完成北京销售公司所有加油站、油库的油品升级工作，为北京地区提供优质京ⅥB油品。建成投用华北石化 2000 标准立方米/小时、500 标准立方米/小时副产氢提纯装置，产出纯度达到 99.999% 以上的氢气供应冬奥。
>
> 冬奥期间，4 座加氢站为服务赛事的 800 多辆氢燃料电池车辆提供服务，供应氢燃料 206 吨。在北京延庆赛区建成集加油、加气、加氢、充电、便利店销售等服务功能于一体的"油、气、氢、电、非"综合能源服务站，为赛事及公众提供一站式能源补给。昆仑润滑油推出超全球最高标准的发动机油，服务新能源车辆。勘探开发研究院绿氢供应保障团队连续攻关 300 多个日夜，打通绿氢产业链全流程、全环节，助力实现冬奥会历史上首次使用绿氢点燃赛场火炬。

三、低碳转型，应对气候变化

长期以来，中国石油深入贯彻落实习近平生态文明思想，积极践行"绿水青山就是金山银山"理念。特别是"双碳"目标提出后，中国石油充分发挥自身优势，勇于担当、主动作为，坚持"绿色发展、奉献能源，为客户成长增动力，为人民幸福赋新能"的价值追求，努力践行绿色低碳理念，持续加大节能减排力度，为中国碳达峰、碳中和和全球应对气候变化贡献力量。

1. 践行绿色低碳理念

中国石油深刻认识能源行业碳达峰、碳中和的重大战略意义，将绿色低碳纳入公司发展战略，制订了《中国石油绿色低碳发展行动计划3.0》，推动中国石油从油气供应商向综合能源服务商转型。公司按照"清洁替代、战略接替、绿色转型"三步走总体部署，实施绿色企业引领者行动、清洁能源贡献者行动、碳循环经济先行者行动。

为了打造"近零"企业，中国石油系统地提出四项举措：减碳、用碳、替碳、埋碳。减碳，即从源头减少碳排放，大力实施节能工程，提高能效和能源利用水平，降低能耗，大力发展天然气业务；用碳，即不断提高碳的利用率，加大二氧化碳化工利用与产业化发展布局；替碳，即对传统化石能源进行有效接替，大力推进地热、光热替代油气生产传统用热，推进清洁电力替代煤电，加快氢能制取与规模应用，扩大"绿电"利用规模，持续提高电气化水平；埋碳，即积极探索完善碳捕集、碳封存的技术路径和效益路径，规模实施二氧化碳驱油、二氧化碳埋存，不断做大"零碳""负碳"产业，增强生态系统固碳能力与规模。

2. 推进碳排放制度体系建设

为加速推动温室气体控排工作，确保温室气体排放管控目标如期实现，中国石油高度关注温室气体排放管理，持续推进碳排放制度体系建设。公司制定了《关于加强温室气体排放管控工作的指导意见》《温室气体排放统计考核管理办法》《碳交易管理办法》《温室气体自愿减排项目管理办法》，确立了公司碳排放"1+3"制度体系，这标志着公司生态文明建设进入了以降碳为重点战略方向、推动减污降碳协同增效的新阶段。公司成立温室气体核查核算中心，全面加强温室气体排放核查核算，把节能减排、减污降碳纳入公司管理层和各子公司、分公司主要领导人的业绩合同，强化落实。

3. 发起甲烷控排联盟

中国石油联合国内油气产业链主要企业成立了"中国油气企业甲烷控排联盟"，中国油气企业甲烷控排联盟是国内首个由企业发起、联合油气产业链主要企业进行甲烷管控等应对气候变化活动的组织，油气行业也是国内首个明确提出 2030 年甲烷强度控制目标的能源行业。联盟成立被写入 2021 年 10 月 27 日国务院发布的《中国应对气候变化的政策与行动》白皮书，并获得国际能源署（IEA）的高度认可。

4. 参与中国碳排放权交易市场建设

过去十几年来，中国石油积极参与中国碳排放权交易市场建设，已经积累了不少经验。2008 年，中国石油与天津产权交易中心、芝加哥气候交易所共同出资设立天津排放权交易所，这是中国第一家综合性排放权交易机构。2010 年 7 月参与建立我国首家以应对气候变化、增加森林碳汇、帮助企业自愿减排为主题的全国性公募基金会——中国绿色碳汇基金会。2021 年 7 月，中国石油积极参与全国碳排放权交易市场首日交易活动，成为获得"全国碳市场首日交易集团证书"10 家企业集团之一，见证了中国碳市场发展的重要历史时刻。同年 12 月，圆满完成全国碳排放权交易市场首个履约周期的配额清缴工作，为全国碳市场企业按期履约树立了典范。

5. 加速领跑 CCUS 技术

公司积极探索完善碳捕集、碳封存的技术路径和效益路径，持续加大在碳捕集、利用与封存技术方面的研究，推动示范项目建设，取得了一系列理论、技术创新成果，整体技术水平处于国际前列。2006 年以来，中国石油牵头成立了中国二氧化碳捕集利用与封存产业技术创新战略联盟（CTSA – CCUS），共同推进二氧化碳捕集利用与封存产业的发展，牵头承担了一系列 CCUS 领域国家 973、863、国家科技重大专项等项目，并配套设立多期公司重大专项和矿场重大开发试验，加快技术攻关与应用步伐。中国石油吉林油田建成国内首个国家级安全零排放二氧化碳捕集、驱油与埋存全流程工业化应用科技示范工程，现已形成 10 万吨年产油规模，混相驱提高采收率 20 个百分点以上，实现了二氧化碳驱油、埋存技术研发与工程应用的跨越式发展。截至 2021 年年底，中国石油利用 CCUS 技术已累计埋存二氧化碳超过 450 万吨，年注入二氧化碳约 60 万吨、年增产原油达 20 万吨，CCUS 配套技术基本成熟。

CCUS，让中国石油油田开发实现社会效益和经济效益"双赢"。中国石油 CCUS 项目的实施引起科技界、政府部门的高度关注，在 2011 年国家科技成就展、2012 年世界石油大会、2017 年哈萨克斯坦阿斯塔纳世博会等国内外会议上，国内外专家及政要均给予充分肯定。

6. 参与国际气候倡议

中国石油与国际气候组织达成一致合作，不断深入 OGCI（油气行业气候倡议组织）相关工作。2021 年，与 OGCI 成员公司共同签署发布公开信，重申继续加快碳减排行动，承诺在《巴黎协定》规定的时间框架内，实现所管辖经营活动碳中和（净零排放），加速推进温控目标实现，加大在能效提升、低碳氢能、低碳燃料、CCUS 等领域进行全产业链技术合作，赢得国际社会广泛赞誉。

7. 创新开展义务植树

中国石油坚持"领导带头、员工广泛参与、尽责形式多样"原则，持续开展义务植树活动，把义务植树与绿色油气田、绿色场站、绿色油库、碳汇林建设等工作有机结合，抓实抓细各项工作，形成聚合效应，有力推动绿色低碳发展。近几年，公司每年参加义务植树约 50 万人次、植树约 200 万株。

积极参与中国碳汇林建设。公司研究起草了《中国石油碳汇林建设指导手册》，为各单位开展碳汇林建设工作提供支持和指导。中国石油首个碳中和林——大庆油田马鞍山碳中和林于2021年10月全部建成，该碳中和林共造林510亩（1亩≈666.67平方米），栽植适应力强、景观效果好、碳汇功能大的乔灌木2.12万棵。据测算，510亩碳中和林在未来吸收7326吨二氧化碳，可中和铁人王进喜纪念馆2020年和2021年排放的二氧化碳，以及马鞍山碳中和林揭牌仪式产生的8.3吨二氧化碳。新疆油田、抚顺石化、宁夏石化等单位在碳汇林、碳中和林建设方面均取得良好成效，助力企业减排和低碳发展。

创新推进"互联网＋义务植树"模式。公司与中国绿化基金会签订了《中国石油天然气集团有限公司中国绿化基金会合作协议书》，合作开展"中国石油绿色碳中和行动"项目。中国石油与中国绿化基金会商定，以"我为碳中和种棵树"作为项目名称，在全民义务植树网开展募资，计划募集资金不少于2000万元，募集期4年，所募资金用于公司义务植树，规模化建设碳汇林、碳中和林，计划造林4000亩，布局公司碳汇林工程，打造央企碳汇林、碳中和林建设示范工程。

第二节 增强生产运营责任意识和担当精神

面对复杂多变的环境，中国石油上下认真贯彻党中央、国务院决策部署，坚持稳健发展方针，扎实推进高质量发展，始终坚持"以人为本、质量至上、安全第一、环保优先"的理念，追求"零事故、零污染、零伤害"的目标。公司将安全运营、保护环境、维护和保障消费者权益作为实现企业可持续发展的战略基础，坚持推行安全生产、绿色生产、节约生产，切实保障消费者权益，大力推进生态文明建设，构建资源节约型、环境友好型企业。

第三章 践行：系统推进，责任实践助力价值创造

一、推进安全生产

安全生产，责重山岳。公司始终牢记"发展不能以牺牲人的生命为代价。这个观念一定要非常明确、非常强烈、非常坚定"的重要指示，坚持生命至上，牢固树立红线意识，持之以恒高度重视安全生产工作，压紧压实责任，精准防控风险，着力整治攻坚，持续筑牢根基，有效推动企业安全生产总体形势稳定向好。

1. 完善安全管理责任体系建设

公司严格落实 2021 年修订的《中华人民共和国安全生产法》的"管行业必须管安全、管业务必须管安全、管生产经营必须管安全"，持续完善安全管理责任体系，修订了《总部安全生产与环境保护管理职责规定》《安全生产监督管理办法》《道路交通安全管理办法》《重大危险源管理办法》，将安全生产要求与日常运营同部署、同落实、同检查、同考核，压紧压实全员安全生产责任链条，持续强化以领导干部为重点的全员安全生产责任落实。

公司完善党组领导、总部部门和专业公司全员安全生产责任清单，明确公司管理者的安全生产责任，将对新任职企业主要负责人开展安全述职，对安全隐患风险突出的企业领导班子进行约谈；对员工在岗期间履行安全环保职责情况进行测评，测评结果纳入业绩考核内容；对转岗调岗员工是否具备相应岗位所要求的安全环保能力进行评估，评估结果作为上岗考察依据。

2. 推进双重预防机制建设

中国石油"坚持关口前移、源头防范"，结合"安全生产专项整治三年行动""危险化学品安全风险集中治理"等专项整治行动，推进生产安全风险防控与事故隐患排查治理双重预防机制建设，筑牢风险源头

管控屏障，提升企业本质安全水平。

生产安全风险防控。公司健全生产安全风险分级防控体系，努力将风险控制在隐患产生之前，将隐患消除在事故发生之前。对广东石化建设项目、塔里木和兰州乙烷制乙烯等重点建设工程、炼化企业停工大检修等风险施工项目全面开展安全督导，推广高风险作业现场网格化安全监管模式，防范化解作业过程重大安全风险。针对季节变化及节假日等特殊时段，加强安全风险超前研判，精准施策。辽阳石化落实"四全"原则，突出风险预警防控机制，强化高风险作业管控和生产运行受控，建立健全双重预防机制，通过"两级建站、四方合力、五级监督"模式，严格落实"区长"制和安全记分制，前置防控关口，在"识"上下功夫，在"预"上找规律，在"约"上严管理，构建起网格化、全覆盖的监督体系，分阶段开展风险辨识、评估、防控，实施全方位"大监督"。

事故隐患排查治理。公司坚持隐患防治并举，建立隐患治理保障长效机制，确保隐患得到及时有效治理，切实提高公司本质安全水平，全面提升管理效能。公司开展"反违章专项整治"活动，制定专项活动方案，成立专项工作组，加大监管力度，严格问责追究，压实安全生产责任。扎实推进安全生产专项整治三年行动攻坚，强化油库罐区、储气库、城镇燃气、硫化氢与有毒有害气体防护、油气井井控等重点领域风险防范。开展大型油气储存基地安全风险隐患评估、危险化学品重大危险源安全风险隐患专项排查，深度排查和全面整改油库的制度规程、工艺设备、消防应急等方面的问题隐患。在全国范围内组织所属单位全面排查城镇燃气业务安全风险和隐患。

3. 完善安全生产应急管理机制

中国石油坚持"应急准备为主、应急准备与应急救援"相结合的原则，不断完善应急管理机制，加强应急救援能力建设，提升突然事件应急处置能力。公司修订突发事件总部应急预案，形成"1+21"应急预案体系，编制新版应急物资目录；完成国家危化品应急救援基地建设，多次开展应急演练，持续提升突发事件应急处置能力。

4. 海外社会安全管理

中国石油坚持"员工生命高于一切"的理念，杜绝海外项目社会安全亡人事件。建立健全海外社会安全管理体系，全面加强海外社会安全风险防控。根据项目风险等级不同，公司采取不同的措施：极高风险的项目，公司统一明确社会安全管理要求，执行强化的社会安全管理政策。高风险项目，实施前开展社会安全风险评估，制订有效的安保方案，经公司审核批准后才可实施。项目实施中，根据项目所在地社会安全局势变化情况，持续完善安保方案，持续修订应急预案并组织演练，确保人员安全。中等风险项目，实施前做好安全风险评估，制订应急预案，落实安全防范措施。低风险项目，落实必要的安保措施。

二、聚焦环境保护

中国石油将管理和活动对环境的影响纳入整体考虑，致力于减少企业生产运营对环境与气候造成的不利影响。通过完善生态环境保护管理机制，深入开展污染减排、重视固体废弃物管控、整治生态环境风险隐患、加强资源可持续利用、保护生物多样性和自然栖息地等措施，努力实现绿色生产、节约生产，实现能源与环境和谐共生。

1. 深入开展污染减排

中国石油严格遵守《中华人民共和国水污染防治法》《中华人民共和国大气污染防治法》《中华人民共和国固体废物污染环境防治法》《排污许可管理条例》等相关法律法规，执行国家《污水综合排放标准》《大气污染物排放标准》《石油炼制工业污染物排放标准》《石油化学工业污染物排放标准》《陆上石油天然气开采工业大气污染物排放标准》《土壤环境质量建设用地土壤污染风险管控标准》等国家和行业污染物排放标准，履行污染物排放控制义务。公司印发《关于进一步加强排污许可管理工作的通知》，切实提高排污单位主体责任意识，加强企业取证后排污管理，将排污许可管理纳入日常工作，提高排污许可证质量和落实执行报告制度。建立公司排污许可管理平台及执行报告提交信息上报系统，按月开展排污许可证关键情况跟踪调度，强化证后管理，不断完善固定污染源监管体系。

公司严格污染物排放达标管控，落实生产源头污染治理措施，强化现有污染治理装置的运行管理。实施污染治理设施提标改造，确保废水、废气各项污染物平稳达标排放。加强污染物达标排放预警，利用污染源在线监测系统对外排废水废气数据进行实时监控。将企业主要污染物排放量指标纳入企业主要管理层年度业绩合同，严格考核完成情况。

2. 重视固体废物管控

公司高度重视固体废物特别是危险废物的污染防治工作，不断加大固体废物污染治理投入力度，切实推进含油污泥专项整治。持续建立健全固体废物监管体系，依托公司固体废物管控平台，对固体废物，特别是危险废物的产生、收集、贮存、运输、转移、综合利用和处理处置全过程实施信息化、动态化管控，确保固体废物数据的"可申报、可核查、可追溯"。公司组织开展历史遗留含油污泥"清零行动"，于2021年彻底消除了历史遗留含油污泥带来的生态环境重大隐患。公司在钻井作业中大规模推广应用钻井泥浆不落地技术，加强资源回收利用，从源头减少固废产生。钻井泥浆不落地技术在大庆油田、辽河油田、塔里木油田等11家企业的技术应用率达100%。

3. 整治生态环境风险隐患

中国石油在大气、水、土壤、固废四大领域深入开展污染防治攻坚行动，坚决守住环保依法合规的底线和红线，切实加强生态环境隐患排查评估与生态环境风险防控。

生态环境隐患排查评估。公司印发《关于进一步加强生态环境隐患排查治理工作的通知》，建立生态环境隐患调度平台，实现隐患上报和治理进展信息化调度、一体化管控。组织开展年度生态环境隐患全面排查，建立覆盖油气田、炼化、成品油销售、天然气销售、工程建设、工程技术服务、装备制造等企业的重大生态环境隐患治理清单。对治理进度缓慢的重大生态环境隐患进行督办，组织开展重点企业隐患治理情况现场检查，大力推动重大生态环境隐患治理销项。

生态环境风险防控。公司落实以隐患治理为主的环境风险管理制度，不断完善"三级防控"设施，开展环境风险识别评估，确定"六大环境风险"，建立环境风险监测体系。根据企业所在地区的环境风险等级、环保管理业绩对所有生产排污型企业进行风险分级，有针对性地采取措施进行风险管控。各环境应急监测机构开展突发环境事件应急环境监测演练，不断提高企业的环境风险防控能力。持续提升污染在线监控水平，污染源在线检测系统实现重点污染源废水和废气排放口检测全覆盖。"十三五"以来，公司未发生较大及以上环境污染事件。

加强大数据监测预警管理。公司持续规范重点污染源监管，严格监控企业污染物达标排放情况，对超标和异常排放实施在线监测升级预警，并开展企业污染源自动监控设施现场核查。截至2021年年底，公司共有773个重点污染源实现在线监测联网，完整率达100%。

4. 加强资源可持续利用

中国石油重视资源保护及合理化使用，坚持节约优先，通过加快节能技术革新，实施炼化能量系统优化、加大技术研发和推广应用等举措，努力减少能源消耗。公司制定《能源节约与能效提升工作方案（2021—2025年）》，推进清洁能源替代、油气损耗管控、节能源头管控等重点任务。

可持续的水资源利用。公司将"提高水资源利用效率，实现水资源可持续利用"贯穿到生产运营各个环节。通过强化用水过程管理、应用先进节水和污水回用技术、将节水指标纳入业绩考核等举措，减少新鲜水用量。全面落实国家打好污染防治攻坚战要求，做好碧水保卫战、长江大保护、黄河生态保护等工作。持续提升废水治理能效，开展清洁生产，大力实施源头减排，加强非常规水资源利用和污水回用。

可持续的土地资源管理。公司按照科学选址、高效使用、妥善保护、及时恢复的原则，将土地保护和集约用地贯穿于生产运营各环节。通过采取丛式井组、水平井、集成建站、多层系开发等技术，优化工程设计，节约新增用地；通过利用废旧井场、以非在用土地置换生产经营用地等方式盘活利用存量土地。积极开展土地复垦、矿山地质环境治理恢复等工作，提高土地利用效率。采取自行复垦、委托复垦、向土地部门缴纳复垦费等多种方式，严格履行临时用地复垦义务。退还低效、无效土地。对不再使用或利用率较低的土地，例如部分老旧矿区基地、历史取得的连片工业土地等，交还地方政府另行安排使用。

5. 保护生物多样性和自然栖息地

中国石油积极响应中国政府《关于进一步加强生物多样性保护的意见》，以及联合国《2030年可持续发展议程》《生物多样性公约》等全球倡议和国际公约，严格执行国内国际相关法律法规，助力"保护、恢复和可持续利用生态系统，遏制生物多样性丧失"目标的实现。

公司的油气生产业务多位于湿地、沙漠、戈壁等生态环境先天脆弱的地区，为此我们付出更多努力，致力于减少和消除生产运营可能给生态环境和生物多样性带来的潜在影响，坚持源头管控，实施全产业链、全生命周期的生态环境管理。公司制定发布了《生态保护行动纲要》《生态环境保护禁令》等规章制度。实施"强化黄河流域生态环境保护工作方案"三年行动，印发《关于进一步落实黄河流域、长江经济带生态环境保护工作方案要求的通知》，推进重点流域生态环境保护强化措施的实施。有序退出环境敏感区，探索建立生物多样性保护示范区，开展绿色矿山创建活动，实施生态保护重点工程。保护、恢复和促进可持续利用土地，尽最大努力减少耕地占用，做好水土保持、植被恢复，努力恢复作业区域生态环境。积极宣扬生物多样性保护理念，组织员工参加"世界野生动植物日""世界环境日"宣传教育活动，提升员工保护生物多样性的自觉性。

保护动植物自然栖息地。公司有序退出自然保护区，恢复生态环境。辽宁盘锦的辽河口国家级自然保护区是丹顶鹤、灰鹤、天鹅等近百种候鸟南北迁徙的重要停歇地、取食地，也是全球珍奇水鸟黑嘴鸥的繁殖地。为保护湿地珍稀鸟类生存环境，中国石油辽河油田制定了《辽宁辽河口国家级自然保护区生产设施关停退出及生态恢复工作方案》，开展生产设施关停退出和湿地生态恢复工作，实现了核心区井站全部退出、井场全部恢复。

中国石油安第斯项目油区位于亚马孙热带雨林腹地，是世界级环境保护地带。公司严格遵守厄瓜多尔环境保护法律法规，按照业界最高标准制定、实施严格的安全环境保护制度和规程，在油田建设和运行期间持续开展环境影响评估并执行环境管理计划，定期进行水体排放、气体排放、噪声、生物多样性监测，保护雨林生态环境。安第斯项目多次获得多项国际著名机构的环境保护奖、企业管理创新奖，以及国际石油工程师协会（SPE）与厄瓜多尔不可再生自然资源部联合颁发的"杰出石油技术发展奖"等奖项。

中国石油伊拉克哈法亚油田项目靠近哈维则沼泽，该沼泽是伊拉克唯一受《国际湿地公约》保护的区域，生态环境高度敏感。哈法亚油田项目严格执行HSE管理体系标准，减少人为活动给沼泽带来的污染，开展油区废弃物、垃圾回收，倡导承包商和当地居民建立良好环保意识及习惯，努力保护候鸟栖息环境。项目赢得了伊拉克政府和合作伙伴的认可与信赖，其环境管理成果通过了ISO14001环境管理体系认证。

中国石油塔中作业区地处塔克拉玛干沙漠腹地，30多年来，公司在开采油气的同时，积极改善沙漠腹地生态环境，建设沙漠腹地绿洲。公司采取植物园、植物示范园和公寓周边绿化区"三位一体"的建设模式，形成一个包含260多种植物的沙漠植物宝库。摸索出一套在极度干旱条件下，利用大型流动沙漠地下苦咸水进行大规模植树造林的实用技术，并将其广泛应用于塔中、哈得、轮南等沙漠油田绿化建设中，用科技护绿、为沙漠铺绿已成为现实。

保护珍稀动植物物种。三塘湖油区位于新疆伊吾县境内，当地分布有近8万亩胡杨林，仅公司吐哈油田作业区域周围的胡杨林就有上万亩。为了避免勘探开发活动对胡杨树生长造成影响，公司采取油井移位、油田道路绕道、站场"瘦身"等措施，最大限度地避让胡杨林。在整个油田的开发过程中，当地的万亩胡杨林无一受到损害。

阿拉伯剑羚原产于中东和阿拉伯半岛，沙特、阿联酋等国家都设立了相应的保护区。在阿联酋，公司严格遵守当地环境保护政策和动植物保护的相关法律法规，在项目施工现场，提前对周围环境进行踏勘和评估，记录阿拉伯剑羚的活动路线、时间和地点，制定避让、减缓和转移方案，阿拉伯剑羚生活没有因施工而受到影响。

普氏野马是世界唯一存在的野生马种，国际上将其列为《世界自然保护联盟红皮书》EW级（野外灭绝）物种。普氏野马生活的卡拉麦里山自然保护区毗邻新疆油田作业区，公司陆续封堵了保护区内的284口油水井，恢复了35.2万平方米地貌，实现了"全面退出卡拉麦里山自然保护区，让普氏野马还乡"的目标。

三、维护和保障消费者权益

中国石油以负责任的方式为消费者提供优质的产品和服务，综合考虑其运营活动对消费者的影响，确保产品与服务的质量、安全，努力维护和保障消费者各项合法权益。同时，积极进行消费者教育，推动可持续消费。

1. 完善消费者权益保护

中国石油严格遵守相关法律与国际准则，不断完善消费者权益保护制度，在制订制度和决策过程中充分考虑消费者权益保护相关议题。确保公平诚实地对待消费者，杜绝欺骗、误导、虚假、不公平等做法。制定清晰易懂、内容全面且条款公平公正的合同。与消费者签订合同或为消费者提供信息时，确保其包含消费者所需总价税款、运输成本、实际年利率、平均收费率等具体内容。

保障消费者知情权。公司以清晰易懂的语言和公开透明的方式为消费者提供完整准确的产品和服务信息。在宣传和营销过程中，确保信息的真实性，杜绝误导消费者，尽可能详尽地回应消费者的要求和疑问，保障消费者知情权和选择权。制定政策以确保产品和服务信息不使用包含偏见、歧视或伤害弱势群体等性质的文字、声音或影像。

保护消费者信息和隐私。公司通过合法、正当的方式和渠道获取消费者信息，向消费者明确告知收集目的，并保证仅收集提供产品和服务所必需的信息或由消费者自愿提供的信息，不将消费者信息用于营销。保护消费者个人信息，并建立适当的程序对保障消费者提出的有效的质疑信息进行删除或修改。提供消费者个人信息管理专员的相关信息，包括公开其岗位职责、身份和常驻地点。

2. 保障产品质量与安全

中国石油始终树立"今天的质量就是明天的安全，今天的质量就是明天的效益"理念，遵循"诚实守信，精益求精"的质量方针，以"零事故、零缺陷，国内领先、国际一流"为目标，把关注顾客、追求卓越、崇尚质量渗透到研发、生产、采购、服务的各个环节，加强全员、全要素、全过程、全数据质量管理，加大质量问题追溯力度，严肃事故事件问责，质量安全问题零容忍，确保各级质量责任落实到位。

提高质量管理体系运行有效性。中国石油所有油品生产和销售企业已全部建立质量管理体系并取得第三方认证证书，每年根据总部要求开展体系内审，聘请独立第三方开展认证审核，接受两次总部组织的QHSE一体化管理体系内部审核，发现问题后及时组织整改，找出管理原因，全面梳理完善管理文件，强化培训教育，确保质量管理体系有效运行。

确保油品质量全面受控。制定了严于国家标准的成品油内控质量标准，在生产环节严把三个重要关口，即出厂前100%检测，进入中转油库前100%检测，配送至加油站100%检测，确保油品质量全面受控。"十三五"以来，各级政府有关部门对公司所属加油站抽查的结果全部合格，树立了中国石油良好的品牌形象。

化工产品方面，中国石油制订了"22+N"品牌工程产品关键指标清单，各下属企业根据清单制订质量提升计划，深化过程能力指数（CPK）考核，深化开展质量对标工作，落实质量分析例会和产品过程经理制，启动品牌体系分级优化研究工作。中国石油在炼化企业和重点产品中积极推广高效的质量分析工具，并结合信息化数据采集与应用，分析挖掘质量问题，指导质量攻关，推进化工产品质量、效益提升。

工程建设方面，中国石油进一步理顺工程建设管理体制，整合工程建设项目管理职能，在总部层面成立工程和物装管理部，加强工程管理力量。同时，按照优质工程建设标准，持续强化工程质量监督管理，动态跟踪重点项目进度，推进问题闭环整改。土库曼斯坦巴格德雷合同区域A区萨曼杰佩气田增压工程A标段获得"国家优质工程奖"。

3. 促进可持续消费

中国石油对消费者开展多种形式的宣传与培训活动，涉及健康安全、产品和服务信息、使用风险及防范措施、环境保护和资源有效利用、索赔途径等方面，使消费者了解自身消费方式对健康和环境的影响，促进消费者形成可持续的消费理念，引导消费者选择更可持续的消费方式，并对消费者调整和改进消费方式提出合理建议。同时，公司加大绿色产品的研发，确保向消费者提供更多环境友好型的产品和服务，满足消费者日益增长的可持续消费需求。

4. 完善客户服务体系

公司成立品牌工程服务团队，定期走访重点用户；建立"产销研用一体化"客户服务体系；建立"线上+线下一体化"服务平台，持续做好跟踪服务；推行"一户一案"定制化整体解决方案，提升技术服务能力和水平。公司努力提高质量投诉和产品问题反馈的处理效率，开通了956100客服热线。956100客服热线不仅服务成品油销售业务，后续还将服务天然气、炼油与化工（包括化工产品、润滑油、燃料油及沥青）等主要产品销售业务，逐步实现客服电话业务的集中统一运营。

第三节 尊重和保障人权

随着经济全球化的不断深入，工商业的发展对人权产生了越来越广泛的影响。中国石油在海外经营的过程中面对越来越日常化、复杂化的人权风险，开展人权合规建设尤为重要。"以人为本"是中国石油一直以来奉行的基本经营理念。在开展全球化事业的过程中，在理解相关国家和地区的文化与价值观的同时，根据国际规范，尊重事业活动所涉及到的所有利益相关方的人权，也是中国石油的基本态度。中国石油通过执行高标准的劳工实践、尊重和维护消费者及社区居民人权、提高员工尊重人权意识等方式，积极开展境外经营人权合规建设，与利益相关方共同迈向更高境界的成长。

一、保障员工基本权益

中国石油遵守有关劳工和人权的国际公约，尊重和保护员工合法权益，倡导平等和非歧视的用工政策，完善薪酬福利体系，健全民主机制，为员工创造公平、和谐的工作环境。

依法平等用工。公司认真遵守《经济、社会及文化权利国际公约》《消除就业和职业歧视公约》等国际公约和《中华人民共和国劳动法》《中华人民共和国劳动合同法》《中华人民共和国工会法》等国内相关法律，以及东道国的相关法律、法规和制度，建立了《劳动合同管理办法》《境外用工管理办法》等包括劳动合同管理、工资保险与福利、休假、业绩考核和职业培训等若干比较完善的用工管理制度体系，严格规范用工行为。

公司严格遵守关于解雇、工作时长的适用法律法规，结合公司情况制定了覆盖公司所有企业、员工和全过程的管理规定与实施细则。开展依法用工自检自查，规范招聘、晋升及劳动合同解除流程，切实保障员工合法权利。

公司对不同国籍、民族、种族、性别、宗教信仰和文化背景的员工一视同仁，平等对待。注重促进当地居民、女性、少数民族和大学生就业，努力增加当地社区的就业机会。严格落实女性员工孕产期、哺乳期休假规定，保障女性员工权益。公司向社会公开招聘，不设置种族、性别、宗教信仰等条件限制。截至 2021 年年底，公司有女性高级管理人员 70 人，女性中层管理人员 1462 人，少数民族员工占比 6.51%。

公司严格遵守国际劳工组织制定的《强迫劳动公约》《准予就业最低年龄公约》《禁止和立即行动消除最恶劣形式的童工劳动公约》，以及国家《未成年人保护法》《禁止使用童工规定》和海外业务所在国家和地区关于禁止雇用童工和强制劳动的法律要求，禁止雇用童工，抵制一切形式的强迫和强制性劳动。公司建立劳动用工审查监督机制，在新员工招聘、人力资源日常管理、供应商准入等环节进行审核，防控相关风险；开展不定期自查及检查，对违规情况及时予以纠正并进行处罚。公司从未出现雇用童工和强制劳动事件。

完善薪酬福利制度。公司薪酬分配工作围绕提质增效、科技创新、人才强企等工作部署，持续完善薪酬福利制度体系，不断健全市场化薪酬分配机制。优化调整薪酬结构，进一步加大向基层一线、关键艰苦岗位和专业技术人员的分配倾斜力度。推进落实人才强企工程部署，持续加大高端经营管理人才、核心科技研发人才、高技能领军人才的激励力度，提供更具竞争力的薪酬水平。研究制定中长期激励实施意见，健全中长期激励制度体系，积极有序推进中长期激励政策落地实施。积极履行《中华人民共和国社会保险法》相关要求，按时为员工足额缴纳各项社会保险费用，完善企业年金和企业补充医疗保险制度，改善一线员工生产生活条件，保障员工切身利益。

民主公开沟通。中国石油注重发挥员工民主管理、民主参与、民主监督的作用，建立了工会组织，以及以职工代表大会为基本形式的企业民主管理制度和厂务公开制度，明确了职工代表大会各项职权、组织制度、工作制度，规范了厂务公开的内容、程序、形式，企业民主管理水平进一步提升。公司建立了多种与员工沟通联系的渠道，坚持履行民主程序，通过职工代表大会、民主议事会、员工代表座谈会等形式，了解并回应员工的期望和诉求。依法保障员工的知情权、参与权、管理权、选举权和监督权，鼓励员工为企业发展建言献策。公司劳动合同签订覆盖率和社会保险覆盖率均达到100%。

二、推进供应链劳工实践

中国石油施行负责任的采购，针对供应链中可能存在的安全与健康、劳工权益、环境保护、商业道德等环境和社会风险，进行充分的风险识别和管控，不断提高供应商质量。公司要求供应商和承包商遵守中国石油统一的质量、环境、健康和安全标准，持续提高产品和服务的可靠性和环境可持续性，保护劳动者的人权，满足人的发展需求。

公司对供应商、承包商的准入、选择、培训、使用、评价和考核进行全过程管理，努力减少和防止供应商、承包商发生事故。公司加强优质战略承包商选用，严格落实"不合格承包商零忍容"措施，开展承包商关键岗位人员培训，考试不合格的不予录用。

中国石油供应链安全管理流程具体如下。第一，严格筛选。实行承包商和供应商准入安全资质审查制度；建立安全业绩记录；定期公布合格承包商名录，清退不合格承包商。第二，提升能力。推行承包商管理人员持证上岗制度；提供制度建设、HSE体系审核、安全管理、应急处置等培训。第三，过程控制。按照"谁发包谁监管，谁用工谁负责"原则，严格落实承包商安全监管责任；对承包商安全管理情况进行专项监督。第四，评价考核。建立安全绩效评估制度；评估承包商安全能力、日常安全工作和安全绩效；对违反国家安全生产法律法规和合同约定的承包商，追究责任；对安全绩效评估不合格和发生严重事故的承包商一律弃用。

三、维护当地社区居民权益

中国石油努力通过负责任的运营，对社区发展发挥积极影响。这种影响不仅体现在创造就业、贡献税收，以及为当地供应商带来商机，而且体现在降低生产运营活动对社区环境和社会的影响，维护社区居民权益。

加强社区沟通。中国石油重视与业务所在国社会各方特别是利益相关方的沟通，在海外许多地区设有环境保护和社区关系协调机构，与当地政府、非政府组织、社区代表等建立起多种形式的沟通机制，通过会议、报告和走访等方式，加强沟通协调，增进相互理解，实现合作共赢。

项目影响管理。公司对项目进行全周期影响管理，在项目开工前，关注生产经营活动对社区和其他利益相关方的影响，对当地社区需求、人权影响、文化遗产和非自愿移民等社会和经济影响进行评估，保障社区居民合法权益。在项目实施过程中实施严格的安全环保规程，制定利益相关方参与的环保管理制度，全程实施环境影响监测；保持与社区等利益相关方的良好互动。在项目竣工后第一时间恢复地表原貌，最大限度减少生产活动对当地社区环境的影响。

社区人权保障。公司听取当地社区居民诉求，保护居民权益；优先聘用当地人才，开展技能培训，安排他们参与项目建设，增加他们的收入；依托当地社会资源，积极扶持当地企业，注重采购所在地的产品和服务，与当地企业在技术服务等方面加强合作，带动和促进相关中小企业发展；严控海外安保承包商人权风险。中油国际（厄瓜多尔）安第斯公司协助政府建设"就业数据库"，建立社区居民就业档案，培训社区居民就业技能，优先招聘亚马逊地区人员。近年来，来自亚马逊地区的员工占承包商员工总数比例不断上升，2021年达70%左右，带动当地就业700余人。

参与社区投资。公司结合当地社会经济发展规划和社区居民需求，合理规划社区投资项目；在当地社区积极开展扶贫帮困、捐资助学、赈灾捐赠、环境保护等社会公益事业，监督公益项目的进展和实施情况；定期评估社会公益项目效果并进行必要的改进。

> **案例：海外安保承包商人权保护**
>
> 中国石油严格遵守资源国的法律法规和人权保障要求，所有的作业合同和承包商管理严格按照资源国相关职能部门制定的有关要求和规定进行管理和执行。根据资源国本地油气行业《员工劳动协议》的基本框架和内容，做到公平公正，以及对公司和员工双方权利、利益的最大化维护。
>
> 海外安保承包商人权保护主要措施如下。
>
> 第一，开展尽职调查，合理评估安保承包商人权保护能力，以及在侵犯人权或违反国际人道法律事件发生后的处理能力。
>
> 第二，向安保承包商提供适当的人权保护解决办法建议，避免因侵犯人权事件而产生的各类纠纷及负面影响。
>
> 第三，和员工签订安保合同，明确业务职责，并严格遵守执行劳动协议的各项要求措施。
>
> 第四，尊重并保障员工劳动的传统权利、利益、文化、愿望，如倒班制度、饮食习惯及节假日政策等。
>
> 第五，定期与安保公司或安保人员进行沟通交流，了解安保工作存在的问题及安保公司和安保人员的工作诉求，对存在的问题进行整改，对其诉求尽快协商处理解决。

第四节　支持员工成长发展

员工是企业价值创造的核心，能够为企业的持续发展提供源源不断的动力。中国石油践行"以人为本"的管理原则，重视为员工搭建良好的成长平台，推进员工本土化和多元化发展，关注员工身心健康，关

第三章 践行：系统推进，责任实践助力价值创造

爱员工生活，努力将企业发展创新成果惠及全体员工，实现企业和员工的共同成长，体现了企业在履行社会责任上的担当。

一、保障员工健康与安全

中国石油一直高度关爱员工健康，董事长、党组书记戴厚良多次强调："把员工健康摆在重要位置"。公司积极落实公司"健康中国行动"实施方案，在保障员工健康与安全方面，结合自身实际，创新形式方法，为员工提供全方位的关爱。

1. 健全完善员工健康制度保障

为推进"健康中国"战略在中国石油落地生根，中国石油发布了《贯彻落实＜"健康中国2030"规划纲要＞实施方案》《建设健康企业十项措施》《健康企业建设推进方案》，公司健康管理顶层设计基本形成。上有顶层设计，下有制度保障。中国石油制定了一系列制度措施，压实企业职业健康管理责任，提高职业健康管理水平。中国石油健全完善《职业卫生管理办法》《工作场所职业病危害因素检测管理规定》和《职业健康监护管理规定》等构成的相关制度标准，形成了"1+5"的职业健康管理制度体系，促进职业健康工作落实落细。

公司建立安全生产和职业健康一体化监管体制，推行健康安全环保一体化管理，将职业病防治纳入公司整体发展规划和安全生产考核中。公司目前已完成 HSE 信息系统 2.0 建设，新增职业健康数据填报模块，实时跟踪各单位职业健康信息。利用信息化手段开展职业健康信息普查，促进职业健康管理向精准管理转变。

"十三五"时期，公司每年组织开展《职业病防治法》宣传周活动，参与人数从 2016 年的 27 万人上升到 2020 年的 59 万余人，工作场所职业病危害因素检测率和职业健康体检率超过 99%，职业健康水平持续提升。

69

作为国际化石油公司，中国石油高度重视海外员工的健康管理，持续加强海外员工健康保障，建立起一套海外员工身心健康管理模式。编制《出国人员健康体检及评估管理规定》等制度性文件，建立出国人员健康评估机制，从源头控制健康高风险人员外派。2020年新冠肺炎疫情期间，推广员工健康管理平台应用试点，加强海外员工与国内医疗支持团队的远程互动。建立健全伊拉克、哈萨克斯坦、乍得等27国项目现场的医疗诊所，提升境外项目现场的疫情防控能力。

> **案例：中国石油常态化疫情防控**
>
> 2021年，新冠肺炎疫情持续在全球各地蔓延，中国石油不断强化常态化疫情防控措施，构筑员工安全和身心健康防线。
>
> 面对国内疫情，公司更新和完善《新冠肺炎疫情防控常态化工作方案》《新冠肺炎疫情防控工作指导手册》，加强疫情防控常态化管理。持续抓实网格化管理和"一人一策"工作，坚持执行全员疫情信息定期填报制度；升级生产和办公场所门禁管控，严格落实来访人员及承包商测温、登记、扫码、轨迹排查等制度，做好人员流动排查和管控；积极协调推动员工疫苗接种工作，切实做到"应接尽接""应快尽快"。公司还开展了重点地区重点企业疫情防控视频巡检，确保疫情防控各项措施执行到位。
>
> 在海外，公司建立了国际业务常态化疫情防控制度体系，更新发布《国际业务新冠肺炎疫情常态化防控工作指导意见》等管理制度。坚持人、物、环境同防的防控策略，严格做好人员分类、场所分区、网格化管理，突出抓好返岗前检测隔离，全员定期进行核酸检测，切断"摆渡式"传播，强化外来物品的采购、运输、交接、存储等环节管控，完善重点场所环境消杀，更新补充防疫物资和防疫药品。大力开展知识宣传和培训，提升现场员工自身防疫能力。全力推进员工新冠疫苗接种工作，加快形成防疫屏障。组织开展员工关爱行动，确保员工身心健康。

2. 保障员工身心健康

中国石油运用市场化机制，充分发挥内部商业保险机构融融结合优势，创新推动实施重病保障项目，上线石油人重病保障 App。重病保障是在企业补充医疗保险报销水平不变的基础上，给每位员工增加了重病保障险。遴选常见高发、个人负担较重的疾病（如恶性肿瘤等），差异化、分病种采取一次性给付和报销相结合的支付方式，帮助减轻员工医疗费用负担。

中国石油同样重视员工的心理健康，持续完善员工疗养、休假等制度，开通心理咨询热线和网站，开展多种形式的心理健康知识宣传培训，引导员工树立积极、健康的心态。公司设立了覆盖公司员工及家属的"职工心理咨询热线"，开展了多种形式的职工心理健康促进活动。开展心理健康管理培训，不断深化员工帮助计划（EAP），组织心理专家开展心理健康咨询服务，疏导和减轻员工心理压力。更新海外员工幸福平台（IAP），优化在线咨询预约流程，为员工提供多渠道、多手段的心理咨询服务和保障。

案例：中国石油海外首个"健心小屋"投入使用

2021 年，公司海外"健心小屋"项目启动，首个"健心小屋"在乍得恩贾梅纳投入使用。"健心小屋"是集科学性和趣味性于一体的员工心理体验中心，配备了情绪测试和疏导减压训练、专注力训练、认知训练等脑科学设备，帮助员工测评脑电波，科学评估睡眠、专注力、放松度、焦虑度和抑郁指数，根据结果开展专注力、冥想和情绪调节等针对性训练，帮助员工提升情绪和压力管理能力。"健心小屋"还针对海外员工开发了家庭线上线下情感训练系统，增强家庭的向心力和对家人的陪伴感。

3. 重视安全与安保

中国石油始终秉持"员工生命高于一切"原则，把安全生产作为企业的核心价值并落实到生产经营各个方面和环节，积极推进安全生产长效机制建设，全面提高安全生产管理水平，保障员工的生命安全。公司对照新《安全生产法》，遵循"管行业必须管安全、管业务必须管安全、管生产经营必须管安全"原则，健全安全生产责任体系，完善全员安全生产责任清单，明确公司管理者的安全生产责任，将安全生产要求与日常运营同部署、同落实、同检查、同考核，压紧压实全员安全生产责任链条。

建立海外安全防控管理体系，深化社会安全管理体系运行。通过采取制定年度社会安全工作计划、定期开展应急演练、强化国际业务社会安全培训教育、持续开展安全审核、执行严格业绩考核和管理评价制度等措施，全面加强社会安全风险防控，妥善应对海外项目突发事件，确保员工生命安全。

二、携手员工成长

中国石油关注员工在不同阶段的发展需求，重视员工职业生涯规划，不断创新人才成长环境和体制机制，注重人才成长资源保障体系建设，为员工实现自我价值提供广阔的舞台。

教育培训。公司坚持应用现代企业培训理念，加快推进培训数字化转型升级，大力推进"互联网＋培训"，挖掘人力资源价值潜力。建立人才培养需求分析，全面推进岗位标准化体系建设，开展全员培训。持续创新培训方式，实行多样化、差异化职业培训，努力实现员工成长与公司发展的良性互动，员工队伍素质和能力得到有效提升。公司坚持"以赛促训，训赛结合"，通过职业技能竞赛提升员工职业技能和专业素养，促进一线员工成长，检验基层培训成果。

畅通职业发展通道。公司重视员工职业生涯规划，努力为员工实现自我价值拓展事业发展空间。"十三五"时期，公司持续深化专业技术岗位序列改革，完善激励机制，为专业技术人员提供独立、畅通、稳定的职业发展通道；成立全国首支技能人才创新基金，支持一线技能人才技术技能攻关和成果转化。实施"石油科学家"和"石油名匠"培育计划、青年科技英才培养计划，持续推进人才培养开发工程，为创新型人才开辟成长通道。

中国石油坚持"德才兼备、以德为先"原则，建立民主、公开、竞争、择优的人才选拔机制，推进"十大人才专项工程"，建立完善"生聚理用"人才发展机制。"十大人才专项工程"包括组织体系优化提升专项工程、人才价值提升专项工程、干部队伍锻造专项工程、领导班子功能强化专项工程、人才队伍接替专项工程、科技人才高端引领专项工程、新能源新材料新事业发展人才专项工程、科技创新团队汇智专项工程、技能人才培养开发专项工程和国际化人才集聚专项工程。

通过搭建公司两级人才培育平台，截至 2021 年年底，公司共有中国科学院和中国工程院院士 24 名，享受国务院政府特殊津贴在职专家 360 名，企业首席技术专家 264 名，企业技术专家 536 名。建立公司级技能专家工作室 92 个，其中国家级技能大师工作室 28 个。

三、坚持本土化与多元化发展

中国石油倡导尊重、开放、包容的文化，坚持"海外人才属地化、专业化、市场化"，遵循东道国法律法规，制定《海外当地雇员管理办法》，推动海外用工管理创新和实践，建立完善员工录用、使用，以及岗位考核和奖惩制度，努力吸引和培养当地优秀人才，为他们创建职业生涯成长平台。

推进海外本地用工。公司积极招聘、培训当地雇员，不拘一格选用当地管理人才，为当地提供就业机会。海外项目聘用的专业人才已覆盖 80 多个国家和地区，涉及勘探开发、炼油化工、管道运营、国际贸易、金融、财务、人力资源管理等多个专业。通过不断加强、完善海外当地雇员的职业发展通道，逐步建立起本地化、区域化和国际化的职业发展通道，众多当地员工通过职业发展通道进入管理岗。截至 2021 年年底，国际雇员和本地雇员占公司海外员工比例达 86.67%，海外主要业务合作区员工本土化比例分别为：中亚地区 97.14%，拉美地区 80.32%，中东地区 71.02%。

促进文化融合。公司充分尊重各国文化的多样性和当地居民的风俗习惯，塑造多元文化融合环境，提倡不同文化背景的员工之间相互交流沟通，增进对彼此价值观和传统习俗的理解，增强不同国籍员工的跨文化协作能力。

第五节　引领行业转型

随着碳达峰、碳中和成为全球能源发展大势，作为全球最大能源生产国和消费国，我国深度参与全球能源治理是维护能源安全的必然要求，也是促进能源转型、构建人类命运共同体的重要途径。中国油气行业在推动实现"双碳"目标的过程中，立足"双循环"新发展格局，为中国构建零碳能源体系、提升能源作为生产要素的全球比较优势发挥重要作用。中国石油作为中国油气行业占主导地位的最大油气生产和销售商，在行业内的影响力日益增强。公司通过采取深度参与气候治理、发展新能源新材料、参与"一带一路"建设、公平对待产业伙伴等措施，带动国内外合作伙伴高质量发展和转型，突出发挥重要的引领作用。

一、深度参与，发挥气候转型引领作用

中国石油自2015年12月加入油气行业气候倡议组织（Oil and Gas Climate Initiative，OGCI）以来，作为OGCI在中国的唯一成员，深度参与应对气候变化的国际合作，发挥气候转型引领作用，推动油气行业绿色低碳转型，成果显著。

与OGCI联合署名发布《OGCI战略改革原则》。2021年，中国石油与其他成员公司签发《OGCI战略改革原则》。中国石油承诺在《巴黎协定》规定的时间内，实现所管辖经营活动达到碳中和（净零排放），加速推进温控目标实现；更新2025年油气业务碳排放和甲烷排放强度目标，提出在2030年实现常规火炬零燃放；加大在能效提升、低碳氢能、低碳燃料、碳捕获、利用与封存（CCUS）等领域开展全产业链技术合作。

推进CCUS技术研发和项目应用。中国石油积极参与全球标准治理和平台开发，开展二氧化碳封存潜力评估和《二氧化碳封存资源目录》编制，对18个国家和地区的715个油气田和咸水层二氧化碳封存资源场所进行了评估；牵头编写《OGCI中国CCUS商业化白皮书》并于2021年9月23日正式发布，其中提出了中国CCUS商业化方案，为国家相关部委和公司"十四五"时期CCUS发展规划提供有效参考；开发CCUS产业促进中心平台，提供交互式全球中心搜索工具。全面参与CCUS方面的研究，并与有关国际组织在碳信用、碳监测、碳封存方面展开合作，研究CCUS纳入国际碳市场的可行性，努力推动CCUS商业化应用。

发起设立OGCI昆仑气候投资基金。中国石油与OGCI气候投资基金签署《中国气候投资基金框架协议》，共同设立OGCI昆仑气候产业投资基金，重点投资于碳捕获、利用与封存、甲烷监测与减排、二氧化

碳减排和运输等四个主要温室气体减排领域，支持可能对全球温室气体排放产生重大影响，特别是涉及石油、天然气行业运营和其产品的技术和商业解决方案的开发、示范和快速扩展，促使这些技术和解决方案能够实现商业化和可持续发展，并通过合作和参与，推动实质性的气候变化行动。

联合成立"中国油气企业甲烷控排联盟"。中国石油联合国内油气产业链主要企业成立了"中国油气企业甲烷控排联盟"，举办了"'双碳'目标驱动下的能源转型与国际合作"论坛，截至2022年年初，"中国油气企业甲烷控排联盟"已从7家企业扩展到10家，有效推动了油气行业加快绿色低碳转型。

二、发展新能源，带动行业高质量发展

2020年新冠肺炎疫情突至，全球经济发生新的变化，使得能源转型呈现加速态势。为顺应能源转型的时代浪潮，中国石油在新能源领域展开一系列布局，全面提速新业务开发，带动油气行业高质量发展。

成立中国石油昆仑资本。2021年6月22日，中国石油集团昆仑资本有限公司正式成立，标志着中国石油在构建"多能互补"新格局、推动业务转型升级上迈出重要一步。昆仑资本将"助力主业绿色低碳转型和高质量发展"作为使命，以新能源、新材料、节能环保、高端智能制造等战略性新兴产业为发展重点。2022年4月，昆仑资本的首笔投资落地上海杉杉锂电材料科技有限公司，此次战略合作极大地推动了锂电池负极材料上下游产业链的紧密合作，助力新兴产业高效发展。

致力于可持续交通发展。中国石油开展氢气储运经济技术评价和全球主要经济体氢能发展潜力评价，制定油气行业氢能、甲醇、电力等低碳、零碳能源油气行业交通运输领域发展路线图；研究CCUS在海运中相关应用的技术与经济可行性；邀请全球石油、氢能和道路交通等行业

组织机构召开国际研讨会，挖掘交通运输领域巨大减排潜力并推动相关创新技术发展。

三、"一带一路"，推进能源合作务实发展

从我国提出"一带一路"倡议以来，油气合作成为"一带一路"建设的重要内容和先行产业。中国石油作为最早走向国际市场、中国跨国公司"100大"榜首的石油央企，充分发挥综合一体化优势，大力推进与"一带一路"沿线国家和地区在油气能源方面的合作，努力构建互利互惠的能源合作利益共同体，有力推动了"一带一路"沿线大通道、大市场和大产业的建设，勇当"一带一路"油气合作的积极践行者和骨干力量。

中国石油以油气合作为载体，推动实现与俄罗斯、阿联酋、伊拉克、哈萨克斯坦、缅甸等10多个沿线国家合作伙伴开展重要协议、重点项目和重大标志性工程的签署、获取和投运，以及与沿线重点资源国油气技术、标准和规范的兼容、互认和对接。截至2022年6月，中国石油在"一带一路"沿线19个国家参与运作管理51个油气合作项目，在"一带一路"地区共有员工9.84万人，其中本地和国际雇员8.90万人，平均本土化率达90%，油气投资业务本土化率达97%，形成了上、中、下游的全产业链合作格局，已建成哈萨克斯坦阿克纠宾、伊拉克哈法亚、土库曼斯坦阿姆河等9个千万吨级油气田和10多个200万吨以上级油气田。

依托通道建设、设施联通持续推进。在"一带一路"沿线国家，中国石油助力东部海上运输通道建设，已建成中亚天然气管道、中哈原油管道、中俄原油管道和中缅油气管道，四大油气通道总长度超过1万公里，构筑了覆盖"一带一路"核心区域的跨国油气运输管网，带动沿线国家社会经济发展。

依托全球运营网络，贸易畅通获得成效。中国石油围绕油气运输通道资源保障，积极开展贸易合作，已建成亚洲运营中心和欧洲油气运营中心，与沿线 50 多个国家开展油气贸易合作，贸易量占国际贸易总量的 60%。

依托能源和金融一体化，资金融通体系不断完善。中国石油与亚投行、丝路基金等境内外金融机构建立了合作关系，先后为境外 17 个国家 29 个产能合作项目提供超过 400 多亿美元投融资支持。

依托文化融合与公益项目，民心相通树立良好形象。中国石油切实践行"人类命运共同体"理念，积极实施民生工程，加强人文交流和员工培训，注重环境保护，累计社会公益投入超过 1.5 亿美元，惠及当地超过 300 万人。

依托科技创新平台，加强联合研究及国际交流的务实合作。中国石油全方位参与重要国际能源组织多边、双边政府和能源对话、行业影响力国际会议会展、国际学会等合作交流活动，推动中方专家在重要国际组织和学会任职，在全球能源领域具有较强的国际影响力。加强与国际标准化组织的交流与合作，参与、主导国际标准的制订与修订，积极推动与"一带一路"沿线国家专业技术、标准和规范的兼容、互认和对接。推动打造以中国石油为主导的多边、双边国际高端合作与交流平台，成功举办"一带一路"油气合作圆桌会议、中俄能源商务论坛、中国石油国际合作论坛、金砖国家能源合作论坛等高端国际会议，助力提升公司国际话语权和软实力。

四、公平运营，推动行业共同发展

公平运营是推动行业共同发展、确保企业与各利益相关方共同遵守道德行为标准的基础。中国石油在其影响范围内，在惩治和预防腐败、公平竞争、尊重产权等方面发挥带动作用，推动产业链共同履行社会

第三章 践行：系统推进，责任实践助力价值创造

责任。

1. 惩治和预防腐败

中国石油以诚信、尊重和负责的态度对待每一位商业合作伙伴，对客户、供应商、承包商和同业伙伴充分尊重、一视同仁，反对任何形式的商业贿赂，并要求合作伙伴遵守公司反商业贿赂和反腐败有关政策规定。管理人员和员工不得利用工作和职务之便围绕中国石油平台违规经商办企业，不得为亲友提供便利和谋取利益。

公司遵守《中华人民共和国监察法》《中华人民共和国反洗钱法》《联合国反腐败公约》和业务所在国法律法规及国际公约，不以违反商业道德的手段争取交易机会或破坏其他经营者竞争优势。实施《反商业贿赂手册》《诚信合规手册》《员工手册》《企业文化手册》等制度规定，对禁止贿赂、遵守反垄断、反洗钱规定、反不正当竞争等商业行为提出要求和倡议。严格执行《公司员工违规行为处理规定》《公司合规管理办法》《公司招标投标活动自律公约》《公司物资供应商管理办法》等制度，严格规范员工和公司行为。对腐败行为零容忍，坚持有贪肃贪、有腐反腐，一体推进不敢腐、不能腐、不想腐，持续深化腐败治理。

完善反腐体系和流程。严格遵守股东大会、董事会及其专门委员会、监事会、管理层等议事规则，重大项目安排和大额度资金运作等事项全部集体讨论。加强合规管理、廉洁风险防控等体系建设，不断健全完善岗位分级分类管理、分级授权、定期轮岗交流等制度机制，强化对各级组织和干部员工履行职责、行使权力的日常监督约束。畅通举报渠道，制定执行《关于落实受贿行贿一起查的实施意见》，精准处理信访举报和问题线索，依规、依纪、依法开展调查处置。建立完善监督保障机制，加强对举报人、控告人、证人、被调查处理人及其亲属和其他有关人员合法权利的保护。

开展反贪污腐败培训。不定期向董事及全体员工开展监察法、政务处分法等法律法规教育培训。通过编发《警示录》、摄制警示教育片、印发通报、召开警示教育会等方式，提高公司员工反腐败意识。对商业伙伴进行多种形式的合规及反商业贿赂培训。

强化监督检查，严控贪污腐败风险。统筹建立各负其责、信息共享的监督工作运行机制，加强对各级管理人员的监督。强化对管理人员特别是各级"一把手"的监督，督促管理人员公正用权、依法用权、廉洁用权。聚焦事关人、财、物、事等重点领域和关键岗位，严肃查处利用职权输送利益、收受贿赂等职务违法、职务犯罪案件。严格落实物资采购、合同管理、招标投标、经费使用、资金内控等系列制度规定，严控自由裁量权，不断挤压设租寻租空间。

加强对第三方中间人、代理的尽职调查和监测。审慎甄选供应商、承包商、代理商、经销商、合资合作方等，严格把控市场准入、网上实时评价和年度考评，形成有进有出、优胜劣汰的动态机制。对商业伙伴开展尽职调查，充分了解并持续关注和评价商业伙伴的诚信合规表现，主动防范化解贿赂和腐败风险。

2. 推进公平竞争

公司恪守商业道德和市场规则，坚持"诚实守信、平等协商、互利共赢"原则，推进"阳光交易"，在商务活动中致力于维护公平公正的竞争秩序。公司严格遵守《中华人民共和国反垄断法》《中华人民共和国反不正当竞争法》《中华人民共和国监察法》，以及业务所在国相关法律法规、《联合国工商业与人权指导原则》等适用的关于反垄断、反贿赂、反不正当竞争、反勒索欺诈及人权保护方面的法律法规和国际惯例。反对任何形式的腐败和商业贿赂，反对垄断，反对任何形式的不正当竞争，遵守贸易管制，坚决不从事、不参与、不协助任何形式的洗钱活动。公司印发《贯彻<反垄断法>实施办法》和《反垄断合规指引》，为全球员工提供 6 个语种的《反商业贿赂手册》。

3. 尊重知识产权

公司重视保护知识产权，每月对核心和重点商标进行监测与风险评估，根据结果向国家商标管理部门提出注册、无效、异议等商标申请。对商标侵权和不正当竞争行为采取相应维权措施，保护商标专用权。

4. 在价值链中促进社会责任

中国石油坚持"全球寻源、开放合作、资源共享、互惠双赢"的供应商管理理念，对价值链关联企业进行适当的尽责审查与监督，带动合作伙伴共同履行社会责任。公司实行从准入到退出全生命周期闭环管理。公司制定并不断完善《工程建设项目管理规定》《物资供应管理规定》《招标管理规定》等相关规定，以及配套的系列制度办法和标准规范，加强对供应商的合规管理。公司实行负责任的采购，针对供应链中可能存在的安全与健康、劳工权益、环境保护、商业道德等环境和社会风险，进行充分的风险识别和管控，不断提高供应商质量。

供应商准入。公司不断加强供应商准入管理，优化供应商资源结构。公司积极引导供应商加强依法经营、遵守商业道德、履行社会责任，要求供应商遵守反商业贿赂、反腐败有关政策规定，对供应商进行必要的尽职调查，并将合规表现作为准入的必要条件纳入合同文本。要求供应商和承包商遵守中国石油统一的质量、环境、健康和安全标准，持续提高产品和服务的可靠性和环境可持续性，保护劳动者人权，满足人的发展需求。优先准入节能环保型产品，明确规定优先采购节能、环保、低碳物资，鼓励使用环保包装，推行绿色采购，并在评分时给予适当加分。组织对所有新准入供应商、承包商进行商业道德、反腐败、QHSE 管理体系等方面的入库培训，宣贯公司的经营和管理理念，并要求供应商签署准入承诺书，承诺书签订覆盖率达到 100%。

供应商监督。公司以"合规、质量、效率、效益"为原则，不断强化环境和社会风险识别与防控，形成供应商日常管理监督和考核评价机制，促进供应商绩效提升。完善了物资供应商制度体系，形成了物资供应商全过程管理的46个业务流程，统一规范了物资供应商内控流程。对供应商履约情况进行跟踪，开展考核评价，将日常表现作为评价的重要内容和依据。

供应商退出管理。公司制定投标人失信行为管理办法，在中国石油招标投标网建立专栏，定期公布失信信息公告。对库内供应商出现的质量、合规、诚信、廉洁等方面的问题，视严重程度，由轻到重给予暂停产品交易权限、暂停供应商交易权限、取消产品准入资格、取消供应商准入资格等四种退出处理。

供应商沟通。中国石油注重与供应商的互联互通，建立了与供应商的沟通机制，通过多种方式主动了解供应商的关切与诉求。公司关注供应商健康、安全、环保和合规操作，与国内外供应商在绿色环保、可持续发展等多方面开展积极交流，挖掘双方合作潜力，提升供应链的协同水平。

第六节 支持民生改善

消除贫困是全球可持续发展的重要议题。中国石油结合受援地资源特点，通过采取深化产业帮扶、扩大智力医疗帮扶范围、加强海外社区建设等措施，提升当地经济自身造血能力，推进脱贫攻坚成果同乡村振兴的有效衔接。通过开展社会公益活动，弘扬志愿精神，展示负责任的企业形象，为社会发展进步注入"石油力量"。

一、发展产业，助力乡村振兴

中国石油结合受援地资源特点，通过深化特色产业帮扶、不断加大消费帮扶力度、帮助地方拓宽就地就近就业渠道、持续推动重点项目落实落地等措施，提升当地经济自身造血能力，推进脱贫攻坚成果同乡村振兴的有效衔接。

1. 产业帮扶打根基

中国石油以增强乡村自主"造血"能力为主要方向，精准施策"授渔"，支持地方特色产业建设，以地方食品加工、种养殖基地、旅游民宿等项目为基础，帮助完善产业链，提高市场竞争和抗风险能力，探索数字农业、环保产业等领域帮扶新举措，促进乡村产业多元化可持续发展。

在西北地区，中国石油援建食品加工厂、红花产业园、畜牧养殖合作社、湿地古杨风景区、国家储备林等产业项目，改善受援地群众生产生活条件，支持地方特色产业可持续发展；在东南沿海，万亩生态林绿染长汀，让吃过"生态亏"的长汀百姓品上了"生态饭"；在华东地区，中国石油通过扶持当地劳动密集型合作社，带动当地劳动力在家门口就业，充实乡村振兴发展的人才力量。

案例：从脱贫攻坚到乡村振兴，中国石油书写"长汀故事"

闽西革命老区长汀曾是四大水土流失严重的地区之一。中国石油与长汀携手9年，相继打赢青山保卫战和脱贫攻坚战，实现了"生态治理、脱贫攻坚、乡村振兴"3个阶段的跨越式发展。

中国石油作为唯一一家对口帮扶长汀县的央企，投资4000万元种植了超过77万棵树木，成为福建水土流失治理中面积最大的森林生态景观林、林下经济致富林。如今，长汀已是绿水青山环绕，从全国水土流失重灾区跃居全国生态文明建设示范县，创造了水土流失治理的"长汀经验"。

> 中国石油万亩水保生态示范林，不仅改善了当地环境，更为当地带来长期的经济效益。9年来，中国石油万亩林总收益5100余万元，受益总人数超过2300人，其中直接带动百余贫困人口稳定脱贫。

2. 消费帮扶架桥梁

一头牵着贫困农民，一头连着广阔市场，中国石油充分利用自身的渠道、平台优势，为帮扶地畅通产供销对接，利用内外部市场平台推广帮扶地特色产品。公司下发《关于做好2021年度消费帮扶产品推荐工作的通知》等文件，让全国200多个脱贫县的3000余种产品"走进"公司144个单位和部门。公司借助全国2万多座加油站、昆仑好客便利店等渠道销售特色农产品，并形成系列优质商品销往全国各地，产生了良好的经济效益和品牌效应。此外，中国石油还通过展销会、网络销售等多渠道、多形式，提升消费帮扶产品的品牌知名度和美誉度。2021年，中国石油的《用消费帮扶为脱贫地区可持续发展加油》入选国家发展改革委办公厅的《2021年全国消费帮扶助力乡村振兴典型案例》推介名单。

> **案例：消费帮扶，铺就壮乡小康路**
>
> 中国石油把支持地方特色产业可持续发展作为乡村振兴的重要方向。在广西，公司携手当地企业开发"螺香好客"柳州螺蛳粉。产品上线后，带动周边10多个乡村、150余名当地人就业。他们中大多数是以前在家带娃的全职妈妈，有了这个工作，她们实现了在家门口就业的梦想。
>
> 此外，公司还帮助当地果农发展水果销售，全力打造省内外特色生鲜产品销售线下平台，将壮乡各地盛产的富川脐橙、融安金橘、百色芒果等特色水果在线下加油站推销，并精准摸索客户消费新形态，打通"壮乡桂品商城"等线上平台，将绿色生态小特产做成助力乡村振兴大产业，多种渠道、双管齐下帮助壮乡群众增收。

3. 产城融合促发展

产业是城市发展的基础，城市是产业发展的载体。中国石油在持续为经济发展提供稳定能源供应的同时，自身的发展也离不开政府、社区和广大居民的理解支持与帮助。公司坚持开放合作、互利共赢，在上中下游领域全面扩大与地方的合资合作，在建设运营中培养本地供应商和承包商，创造就业岗位，带动关联产业，实现"以产促城，以城兴产，产城融合"。

> **案例："气化南疆"带动当地经济发展**
>
> 塔里木油田加快"气化南疆"进程，随着大桥乡支线等10条管道的建成投产，阿克苏、喀什的十几个乡镇用上了天然气，成为"美丽乡村建设"的样板村。依托天然气利民工程等重大援疆项目，新疆南部形成的天然气工业集群吸引了疆外大批新兴工业化龙头企业落户，带动地方走上以石油石化为主的新型工业化之路。
>
> "气化南疆"工程投产八年来，管线长度从2400多千米增至3000多千米，年供气量从5亿立方米增长到21亿立方米，新增用气人口400万人。截至2021年年底，塔里木油田累计向南疆五地州供气450亿立方米，惠及西气东输沿线15个省区市4亿多居民，为改善当地各族群众的生产生活条件、促进经济社会发展做出积极贡献。

二、智力扶贫，培养脱贫攻坚人才

扶贫必先扶智。中国石油围绕干部能力建设、教育和医护、劳动技能提升、创新创业经营管理等重点领域，打出智力扶贫组合拳，切实提高脱贫地区群众自我发展能力。

中国石油与国家行政学院、农村党支部学院等合作培训基层干部9000人，帮助贫困地区县、乡干部开阔视野、更新观念、提升素质。

与中国扶贫基金会、中国慈善联合会、中国扶贫开发协会等机构合作，创新开展乡村振兴、农牧业新业态、数字农业、产业运营等内容培训，利用网络课堂、视频教学、送教下乡等培训途径，累计培养脱贫致富带头人、专业技术人员超过40000人次。先后与阿里巴巴、苏宁、京东、携程等电商平台合作，开办14期电子商务扶贫和乡村旅游扶贫培训班，受训人员700多名，其中合作社管理人员培训班有100多名学员是骨干或致富带头人，特色电商扶贫培训带动10个定点扶贫县全部成为电子商务示范县。中国石油开展汽修、电工、月嫂、养殖等劳动技能培训，培训2000多人次；开展"益师计划"项目，组织北京地区优秀教师赴新疆、河南、贵州等贫困地区开展学科交流，并选派乡村教师赴京进修，已累计培训教育工作者7700多人次；开展医护培训，安排所属中心医院选派专家巡诊并进行培训，受益民众超10万人次，选派帮扶地医疗工作者325人至中国石油中心医院培训学习，义诊现场培训超过2000人。

三、教育帮扶，托起美好未来

教育是民族振兴、社会进步的重要基石。中国石油把支持教育事业作为公司履行社会责任的重要内容，通过开展各种教育支持项目帮助青少年获得接受公平教育的机会，实现理想与自身价值。"十三五"时期累计投入教育帮扶资金2亿元。20年来，中国石油已累计帮助了1.4万名学生。

中国石油持续通过设立奖学金、助学金和捐建希望小学，改善贫困地区教学条件，通过支持科技文化教育及相关赛事活动等方式支持教育事业。中国石油始终秉持"奖优扶困、雪中送炭、塑造形象、集聚人才"的初心，激励优秀学子爱党爱国、奋发向上，帮助贫困学生减轻生活负担、解决实际困难，同时吸引优秀毕业生就职于所属企业，为支持教育发展、培养优秀人才、推动社会就业、促进和谐稳定发挥了重要作用。"中国石油奖学金"项目设立于2001年，每五年为一期，2021年设奖范围由13家高校扩大为17家。

此外，中国石油探索支持教育的新模式，倡导全社会关注并携手解决教育公平问题。公司与中国扶贫基金会、北京师范大学、腾讯公益等合作，开展"旭航"助学、"乡村中国梦"等公益项目，帮助更多贫困地区的学子实现求学梦想。"旭航"助学项目设立于2015年，由中国石油与中国扶贫基金会共同发起，专门针对国内欠发达地区品学兼优的贫困高中生群体，为其学习、生活提供助学金和奖学金，助其完成学业，使其有更多的机会接受高等教育，实现求学梦想。"旭航"助学项目开展7年来，已拓展至四川、河南、贵州、江西、河北、青海、甘肃、云南8个省20个学校，累计捐助金额达4480万元，截至2022年4月，项目累计资助6245名高中生，其中3316名学子顺利完成高中学业，2929名高中学子正在受益。同时，中国石油还在8省省会城市及"旭航"实施地的加油站中开展"一升油、一生情"加油配捐主题活动，以用户每加1升油，中国石油捐出1分钱的方式，护航关爱学子、传递企业温度，吸引带动超过600万消费者共同参与公益，为企业赢得了好口碑。

四、社会公益，倡导社会文明新风尚

奉献能源，创造和谐。作为国有重要骨干企业，中国石油积极履行社会责任，在践行社会公益中树立良好品牌形象，倡导社会文明新风尚，努力为精神文明建设贡献力量。中国石油的公益之路从国内到国际，截至2021年年底累计捐赠超过1.36亿元。

1. 传递全民公益理念

千千万万石油人用善的力量温暖世界，因为能源于心。中国石油高度重视公益理念的传播。2016年,中国石油与中国扶贫基金会联合发起专注于资助公益创新的平台"益路同行",旨在通过资助小而美的公益项目,帮助公众实现公益梦想,传递全民公益的理念。平台累计投入资金1650万元,资助30个省市区600多个公益项目。截至2020年年底,平台注册用户突破31万,传播影响超过千万人。2019年,"益路同行"因创新性、专业性和较大的社会影响力,获得凤凰网评选的"年度十大公益创意奖"。

此外,中国石油设立"公益未来·中国石油成才基金"项目,鼓励高校大学生关注社会问题,以新角度、新思维寻求解决社会问题的有效方案,以公益创想推动社会创新。项目吸引全国140多所高校中的1000多家高校社团参与公益行动,点燃更多公益"星星之火"。截至2020年年底,累计征集公益创想3919个,上线公益创想1101个,其中953个获得资助,资助的公益项目分别来自北京、内蒙古、甘肃、四川、贵州、广东、福建、云南等30个省(市、自治区),涉及高等院校、中小学、社区居民、非政府组织、行业协会等多种群体,涵盖青少年教育、老年人服务、环境保护、社区发展等领域。

2. 助力公共基础设施建设

公共基础设施是保障民生的基础。中国石油在为国家经济发展提供稳定能源供应的同时,关注民生和社会进步,积极参与社区建设和发展。公司着眼于提高当地民众的生活水平和质量,着力解决公共服务基础薄弱、民众增收困难等突出问题,援建了牧民安居、市政工程、基础设施、饮水灌溉等项目,提升帮扶地公共设施服务水平,促进当地经济社会和谐发展,助力实现幸福美好生活。

保障能源供应。确保人人都能获得负担得起的、可靠的现代清洁能源服务,既是全球可持续发展的重要目标,也是中国石油能源供应和社区建设努力奋斗的目标。多年来,中国石油在新疆地区建成了包括勘探开发、炼油化工、油气储运、油气销售、工程技术、金融服务等在内的完整石油产业链，带动新疆的资源优势转化成经济优势，成为中国西部重要的能源供应和保障基地。通过投入资金、建设天然气支干线管网、提供低价天然气、供电设施等措施，改善当地生态环境，促进当地能源消费结构优化和转型升级。

助力畅通出行。"要想富，先修路"，交通运输是繁荣当地经济、推进产业发展、提升居民幸福指数的重要保障。中国石油在贫困地区援建了一批通村道路，加强贫困地区交通基础设施建设，提升运输服务能力和水平，助力贫困地区实现"进得来、出得去、行得通、走得畅"的交通运输网络，打通贫困地区脱贫"最后一公里"。2016年以来，中国石油投入2800万元建设江西横峰县旅游公路、贵州习水通村公路等项目，助力地方特色发展。

保障饮水灌溉。由于环境干旱、设施落后、缺乏维护、水质污染等多种原因，部分贫困地区基本饮水安全和农业灌溉得不到保障。中国石油实施饮水和灌溉工程，为农村居民提供便捷、安全、负担得起的生活饮用水和稳定的农业灌溉设施。

守护安居生活。公司践行"绿水青山就是金山银山"的理念，持续推动帮扶地区人居生态环境改善。修建牧民安居房、灾区安置房等，保障居民住房安全，按照《农村人居环境整治提升五年行动方案（2021—2025）》要求，持续推进厕所革命和污水处理。2021年，投入4521万元，帮助新疆青河等县9个村实施生活垃圾和污水治理，实施农村厕改286户。

3. 医疗帮扶，守护健康福祉

中国石油关注贫困地区医疗卫生发展，努力帮助贫困人口获取更优质的医疗卫生服务，降低因病致贫、因病返贫现象。公司帮助当地弥补在硬件设施、医护人才等方面的短板，助力改善贫困民众身体状况，守护他们的健康和福祉。

提升医疗水平。深入贫困地区定期开展医疗巡诊、义诊进村等活动，受益民众超 10 万人次。帮助贫困地区新建或改善乡镇医疗院所，配备所需医疗设备。组织乡村医疗院所的医生、护士等人员培训，提升医疗技能，培训贫困地区基层医护工作人员 2400 多人次。

提供就医帮扶。为贫困人群大病医治和康复治疗提供补贴，减轻因疾病给贫困家庭带来的额外负担。创新医疗帮扶方式，为贫困人群提供健康医疗保险。公司联合中国扶贫基金会、爱佑慈善基金会实施"同舟工程"项目，捐赠 200 万元用于江西横峰、贵州习水县两个定点帮扶县 20 周岁~60 周岁人群的大病救助，为贵州省习水县 76528 名建档立卡贫困户投保。

4. 关注女性，帮扶弱势群体

贫困地区的女性是脱贫攻坚和乡村发展振兴重要的潜在力量。中国石油聚焦贫困地区女性群体，通过拓展创新扶贫方式，精准施策，积极开展女性技能培训，提供更多就业机会，帮助她们平衡工作与家庭，形成了具有典型示范意义、可推广及可持续的扶贫模式。

中国石油积极参与支持中国妇女发展基金会主办的"母亲水窖""母亲健康快车""母亲安居工程"等公益项目，先后获中国妇女慈善奖"典范奖""十大关爱女性企业"等荣誉。大力支持荷兰皇家菲仕兰坎皮纳公司联合中国扶贫基金会发起、北京富平学校承办的"爱心月嫂"项目，带动贵州习水县、河南范县、河南台前县等 4 县 918 名学员参加培训，传授月嫂技能，实现造血式扶贫。2021 年 12 月，中国石油凭借在帮助弱势群体减贫和促进妇女权益保障等方面的成功实践及突出贡献，被联合国全球契约组织授予"2020 实现可持续发展目标企业最佳实践（消除贫困和促进繁荣）"的荣誉。

5. 参与海外社区公益

中国石油积极参与海外社区公益，帮助改善海外社区居民生活条件，通过资助教育、医疗等公益事业，实现与当地社区的和谐共处。在新加坡，连续11年参加"少年旅"活动，资助当地儿童。在哈萨克斯坦，向阿克纠宾州捐资用于当地乒乓球运动中心建设、本地小微企业资金援助、购买幼树苗支持环境绿化等公益活动；支持奇姆肯特市体育文化事业发展，为当地青少年网球比赛提供资金；改善拳击训练场地并购买器械；支持当地艺术体操和足球运动发展；长期资助奇姆肯特市儿童芭蕾学校，为学校购买服装、参加演出提供资金支持。在伊拉克，帮助哈法亚地区进行基础设施建设，开展需求调研，逐步开展教育、医疗、民生设施等公益项目，为社区居民提供食物，帮助他们维修道路，建设桥梁、涵洞、高压线、沟渠等基础设施；为当地学校捐建多所活动房、提供校车和学习用具；为当地社区诊所捐赠电器、家具，为病人捐款。在乍得，实施"甘甜社区"计划，帮助当地修建水井，解决周边社区饮水困难的问题；近年来先后参与支持了"和平杯"半程马拉松比赛、国家妇女节庆典、"汉语桥"世界大学生中文比赛乍得赛区决赛、国家抗击疟疾宣传等公益活动；为镰刀型细胞贫血病医院、孤儿院等机构提供帮助。在印度尼西亚，每年拿出专项资金用于社区居民教育、医疗健康、环境卫生、基础设施及生活条件的改善；近3年来，公司累计获得印尼中央政府、地方政府、各类协会颁发的社会责任类奖励数十项。

五、服务社会，弘扬志愿精神

中国石油积极弘扬和倡导志愿精神，聚焦生态文明、乡村振兴、抗击疫情、社区服务等方面，组织开展"宝石花"青年志愿服务活动，青年志愿者队伍超过16.3万人，累计志愿服务时长超过39万小时。公司组织无偿献血、义务植树造林、保护自然和文化遗产等志愿活动，持续开展评选"见义勇为好司机",连续 8 年开展"温暖回家路·铁骑返乡"公益活动,累计帮助超过 15 万人。

1. 积极参与推广冬奥文化

多措并举服务保障北京 2022 年冬奥会、冬残奥会成功举办,全力做好清洁能源供应、冬奥村筹备运行等工作,积极履行官方合作伙伴俱乐部轮值主席责任,为办好奥运盛会贡献石油力量。公司开展冬奥志愿者招募、培训工作,倡导员工积极参与奥运赛事服务,选拔了 6 位青年员工成为延庆冬奥村赛事志愿者。公司致力于推广冬奥文化,打造超过 1600 座冬奥主题形象站,设立冬奥特许商品零售柜台,发行 100 万张"冬奥主题加油卡",为更广泛人群提供出行和冰雪体验优惠服务。开展系列冬奥主题活动,让冬奥文化进百家企业、入千个社区、到万座油站。

2. 打赢疫情防控阻击战

面对严峻复杂的新冠肺炎疫情防控形势,中国石油彰显央企担当,抓实抓细各项疫情防控措施,聚焦疫区居民生命安全和身体健康、疫情期间生产经营和油气保供等,全力以赴打赢疫情防控阻击战。

数以万计的中国石油人脱下"石油红",换装"志愿白",积极投身志愿服务,战斗在抗疫一线。发挥优势,聚焦需求,打通服务居民"最后一公里",做好居民生活服务保障。上海销售公司共计 3081 人次积极参与封控管理、物资配送、环境清洁、困难帮扶等居民区志愿服务。2022 年 3 月份以来,浦西分公司唐山加油站经理崔文星为小区血透患者搬运 8 箱共计 240 斤的"救命药",为 1200 余户居民提供保障服务,累计运送快递、配送生活物资超 3000 件。全心全意,靠前服务,筑牢社区疫情防控防线。石油志愿者深入社区,有序协助居民进行核酸检测等工作,将疫情防控工作落实落细。2022 年 3 月以来,冀东油田

441名青年党员、94名入党积极分子、240余名团员青年，先后成立了35支党员服务队、3支"宝石花"志愿服务队，累计协助社区开展核酸检测26.7万次，日均防疫消杀面积达3.8万平方米，以实际行动助力疫情防控。响应号召，闻令而动，积极为地方政府提供支援。吉林油田积极响应松原市政府的志愿者支援请求，由1050名党员、团员组成的18支疫情防控志愿者先锋队伍赶往滨江、青松等街道社区，投入全员核酸检测工作。2022年3月至5月，吉林油田共计出动1050名志愿者，累计服务时长3458小时，服务16万人次。

公司全力以赴保障油气供应，紧急布局生产抗疫原料和防疫物资，切实扛起央企担当，展现石油大爱。同时，在统筹做好疫情防控的基础上，积极推进复工复产、生产经营、改革发展各项工作，在大战大考中交出了一份满意答卷。

第四章

成效：共创共享，
履责结果成就多元价值

第四章 成效：共创共享，履责结果成就多元价值

中国石油始终秉持"绿色发展、奉献能源，为客户成长增动力，为人民幸福赋新能"的价值追求，将国家利益及人民利益作为企业的最大利益，乘势而上、笃行不息。以可持续发展观推动社会责任管理，以社会责任管理助力落实绿色低碳发展理念，中国石油不仅实现了经济效益的稳步增长，也为生态环境保护和社会公平正义贡献了价值，实现了经济、环境、社会综合价值创造能力的显著提升。

第一节 创新驱动，赋能公司高质量发展

中国石油以保障国家能源安全为己任，牢牢端稳能源饭碗，全面贯彻新发展理念，锚定世界一流目标，把创新作为第一战略，以创新驱动油气增储上产、炼化转型升级，开创高质量发展新局面。公司凭借良好的经济绩效和科技发展力，在国内外市场竞争中赢得持续竞争优势，经营业绩迈上新台阶，油气两大产业链安全平稳运行，国企改革持续深入推进，创新科技硕果累累，提质增效攀新高，公司高质量发展取得新进展。

一、经营业绩迈上新台阶

责任与经营从来都是企业发展的一体两面。企业因创造财富而成长，因承担社会责任而更具发展价值，企业只有将盈利和社会责任结合起来，创造出自身价值与社会价值，才能成为伟大的企业。中国石油"发展指数"领跑同行，财务资产规模、收入、利润等多项经营指标连续19年位列全行业之首。公司负责人2021年度和2019—2021年任期经营业绩考核结果均为A级，并受到国资委通报表扬，获得任期"业

绩优秀企业""科技创新突出贡献企业"称号。

生产经营指标创历史新高。通过大力加强市场营销，全力保障市场供应，2016年以来，公司经营业绩稳中向好；2021年，中国石油经营业绩创近七年最好水平，利润总额重回央企前列，营业总收入较2016年增长约50%，净利润较2016年增长约274%，中国石油2016—2021年财务重点数据如图4-1所示。中国石油深入推进提质增效，坚持低成本发展，2016年以来，主要成本费用增幅远低于收入增幅，油气单位操作成本、炼油单位现金加工成本等主要成本指标得到有效控制。

财务及资产状况稳健向好。中国石油积极推进资产结构优化，努力提升资金周转效率，资产创效能力不断增强；持续控制债务规模，不断优化债务结构，资本负债率进一步下降，有息债务余额创近十年新低，融资成本率创历史新低；加强资金紧平衡管理，持续优化资本性支出，自由现金流进一步增长。

表4-1 中国石油2016—2021年财务重点数据[①]

财务重点数据	2016年	2017年	2018年	2019年	2020年	2021年
营业总收入/亿元	18719	23403	27390	27714	20781	28073
利润总额/亿元	507	533	1106	1204	875	1665
净利润/亿元	268	176	428	596	503	1003
营业总成本/亿元	18515	22950	26108	26280	20292	26297
实现税费（含境外）/亿元	3497	3774	4212	4045	3158	3980

---

① 数据来源：中国石油天然气集团有限公司2016—2021年年报。

二、产业链安全平稳运行

为保障国家能源安全，稳定宏观经济大盘，中国石油稳中求进，油气两大产业链安全平稳运行。

炼油化工转型升级成效显著。中国石油炼油化工转型升级取得新突破，产品结构进一步优化，炼油高效产品比例持续提升，长庆和塔里木两个乙烷制乙烯示范工程建成投产。2021年，炼油与化工业务经营利润达497.4亿元，较2016年增长约27.5%，化工产品商品量、炼油业务利润、化工业务利润均创历史最好水平。

成品油销售规模和质量持续提升。中国石油着力推动成品油销售网络升级、油品升级、服务升级，打造"人·车·生活"生态圈，国内成品油销量同比增长6.2%。积极探索非油业务线上线下全渠道销售模式，毛利润同比大幅增长，创历史最好水平。加大油气贸易力度，国内国际两个市场协同一体化运营水平持续改善。2021年，销售业务经营利润达132.8亿元，较2016年增长20.2%。

天然气产销量同创历史新高。中国石油努力保障资源供应，积极推动清洁替代，2016年以来，公司天然气产量与销量持续攀升；2021年，公司国内销售天然气2055.5亿立方米，创历史新高，较2016年增长约56.4%。公司在确保天然气安全平稳供应的前提下，努力控制天然气采购成本，持续优化营销策略和市场布局，不断提升创效能力。2021年，天然气业务经营利润达439.7亿元，较2016年增长260.85亿元。中国石油2016—2021年产业链重点数据如表4-2所示。

表 4-2 中国石油 2016—2021 年产业链重点数据①

产业链重点数据	2016 年	2017 年	2018 年	2019 年	2020 年	2021 年
化工产品商品量/万吨	—	—	—	2575.6	2885.3	3079.6
生产乙烯/万吨	558.9	576.4	556.9	586.3	634.5	671.3
国内成品油销售量/万吨	11303.5	11416.3	11735.8	11959.4	10650.7	11125.6
国内天然气销售量/亿立方米	1314.5	1518.4	1724.2	1812.9	1846.6	2055.5
炼化业务经营利润/亿元	390.26	399.61	427.56	138	109.7	497.4
天然气业务经营利润/亿元	178.85	156.88	255.15	261.08	—	439.7
销售业务经营利润/亿元	110.48	82.79	-64.5	-5.65	-29	132.8

三、国企改革深入推进

国企改革三年行动启动以来，中国石油大力推进公司治理体系和治理能力现代化，截至 2022 年 8 月底，中国石油集团层面部署的 6 个方面共 86 项重点改革任务已完成 99%。在部门减少 25%、处室压减

---

① 数据来源：中国石油天然气集团有限公司 2016—2021 年年报。

20%、人员精减10%的同时，总部、专业公司和企业职能定位更加明确。

提升效率，构建新型组织体系。中国石油通过组建油气和新能源、炼化销售和新材料、支持和服务、资本和金融四大业务板块（子集团），优化调整海外业务、天然气销售业务管理体制等，实现业务协同、资源共享、一体化统筹。截至2022年4月末，中国石油二、三级机构相比2020年年初减幅达14.31%。纳入应建清单的101个各级子企业均已规范建立董事会、完成率100%。

把准方向，市场化改革迈出新步伐。完善选拔任用制度，加大工效挂钩力度，2021年公司全员劳动生产率、人工成本利润率分别比2019年提高了14.25万元/人和17.49个百分点。

四、科技创新硕果累累

中国石油坚持创新第一战略，不断加大科技投入和技术研发力度。"十三五"以来，中国石油累计攻克29项关键核心技术，研发24项重大装备软件，制订22项国际标准，获得授权发明专利8636件，科技进步贡献率达到61%，取得十大科技创新成果，支撑中国石油历史上首次实现国内年产油、气当量和海外油气权益产量当量3个"1亿吨"，如图4-3所示。

表4-3　"十三五"期间中国石油取得的十大科技创新成果

技术名称	技术价值
陆相页岩油地质理论与勘探开发技术	有效指导和推动中国陆相页岩油的勘探突破与规模建产
百万吨级乙烷制乙烯成套技术	实现成功应用，引领国内天然气资源高值利用示范，关键技术指标国际先进

中国石油：价值引领型社会责任管理

续表

技术名称	技术价值
CG STEER 旋转地质导向钻井系统	一举改变国内相关核心技术受制于人的被动局面，填补国内页岩油气和致密油气用旋转地质导向钻井系统空白
"一键式人机交互7000米自动化钻机"创新钻机人机交互控制技术	显著提升钻井作业本质安全，助力钻井工"蓝领变白领"
EV56 高精度宽频可控震源	在国际上率先实现了 1.5Hz～160Hz 线性宽频地震信号激发，是高精度、高效率、安全环保油气勘探开发的利器
多功能一体化油藏数值模拟软件（HiSim4.0）	打破长期依赖进口被动局面，铸造了油藏数值模拟中国"芯"
"AnyCem 自动化固井技术与装备"首创固井设计—仿真—监控一体化技术	引领固井作业由经验向科学转变，实现油气井质量和寿命双提升
CPLog 多维高精度成像测井系统	实现二维向三维成像的跨越，填补了国内空白
第四代精细分层注水工艺技术	引领分层注水技术精细化升级换代，推进油田注水由"滞后调控"向"实时、精细、智能优化"调控的重大跨越
灵活切换生产 1-丁烯/1-己烯成套技术	实现同一种原料灵活切换生产两种高纯度 a-烯烃

五、打造提质增效升级版

中国石油全力推进高效勘探和油气增储上产，国内油气生产再攀新高。2021年，勘探与生产业务经营利润684.5亿元，较2016年增加653亿元。

油气勘探捷报频传。"十三五"以来，公司在鄂尔多斯、塔里木、准噶尔、四川等重点盆地取得多项重大战略突破和重要发现，落实11个亿吨级石油规模储量区，落实12个千亿立方米级天然气规模储量区，多项指标均创历史新高。2021年，新增石油探明地质储量104527万吨，较2016年增长61%，连续6年超过6亿吨；新增天然气探明地质储量10951亿立方米，较2016年增长102.1%，连续6年超过5000亿立方米。

主力油气田持续上产。公司油气总产量连续6年稳中上升。2021年，原油产量（含海外权益产品）17943.5万吨，较2016年增长10.1%；可销售天然气产量（含海外权益产品）1692.4亿立方米，较2016年增长39.5%，天然气产量占油气当量的比重持续提升，如表4-4所示。

表4-4 2016—2021年中国石油油气勘探与生产重点数据[①]

油气勘探与生产重点数据	2016年	2017年	2018年	2019年	2020年	2021年
原油产量/万吨	16297.8	17133.8	17636.6	18102.7	17864.2	17943.5
国内（权益）	10545.0	10253.7	10101.7	10176.9	10225.3	10310.6
海外（权益）	5752.8	6880.1	7534.9	7925.8	7638.9	7632.9

---

① 数据来源：中国石油天然气集团有限公司2016—2021年年报。

续表

油气勘探与生产重点数据	2016年	2017年	2018年	2019年	2020年	2021年
天然气产量/亿立方米	1213.0	1287.3	1380.2	1503.0	1603.5	1692.4
国内（权益）	981.1	1032.7	1093.7	1188.0	1306.0	1377.9
海外（权益）	231.9	254.5	286.5	315.1	297.5	314.5
新增石油证实储量/万吨	7881	6007	7076	7720	6670	7979
新增天然气证实储量/亿立方米	1351	949	1293	1258	1409	1383
新增石油探明地质储量/万吨	64929	65900	63316	83660	87253	104527
新增天然气探明地质储量/亿立方米	5419	5698	5846	12399	6483	10951
勘探与生产业务经营利润/亿元	31.48	154.75	735.19	961	230.9	684.5

第二节 绿色发展，助力"双碳"目标实现

中国石油作为国内最大的油气生产供应企业，是我国绿色清洁能源的提供者、贡献者和坚守者。按照清洁替代、战略接替、绿色转型三步走总体部署，中国石油加快构建多能互补新格局，将生态文明建设融入生产建设运营各环节，成为央企中节约资源、保护环境、绿色发展的典范，走出一条高质量发展的"石油路径"。

第四章 成效：共创共享，履责结果成就多元价值

一、绿色低碳转型迈出坚实步伐

中国石油深入实施绿色低碳转型，积极推进化石能源与新能源全面融合发展的"低碳能源生态圈"建设，大力发展天然气。通过国内生产和国外进口，40年来累计向国内供应天然气2.26万亿立方米，燃烧值相当于替代标准煤45.6亿吨，减少二氧化碳排放84.2亿吨、二氧化硫5750万吨、氮氧化物3692万吨、烟尘等颗粒物1672万吨，为进一步打好打赢"蓝天保卫战"奠定了基础。截至2021年年底，中国石油天然气产量占油气当量比重持续提升，天然气产量当量占比51.4%，"半壁江山"地位进一步巩固，为优化中国能源结构、建设美丽中国添"底气"。

聚焦新能源新材料新业务，新能源蓝图徐徐展开，"六大基地、五大工程"建设凯歌不断，围绕风、光、热、电、氢部署实施了一批新能源项目，其中39个项目建成投产；新增新能源开发利用能力达350万吨标准煤/每年，建成投运8座加氢站（综合能源服务站）；2021年新建地热供暖面积960万平方米，为"十三五"时期的两倍。

金融板块全面对接公司绿色低碳发展行动计划，大力发展绿色金融。中油资本绿色信贷规模达到1131.7亿元，累计协助企业节能减排近4600万吨标准煤；昆仑银行成功落地新疆地区首笔绿色公司债券业务；昆仑租赁完成首笔绿色金融租赁项目。积极推出绿色信贷、绿色金融债券、绿色租赁、绿色保险等绿色金融产品。稳妥开展绿色股权投资，开展绿色基金直投，设立新能源行业投资基金、气候基金。由中国石油和天津产权交易中心共同出资建立的天津碳排放权交易所积极推进碳交易，碳交易量在全国试点市场名列前茅。昆仑银行推出个人碳积分，推动绿色理财，有效开展个人绿色金融服务。

二、节能减排扎实推进

中国石油持续改善生产经营过程环境绩效并积极参与生态文明公益事业。公司落实国家污染防治攻坚战要求，大力实施废水治理提标升级、废气超低排放改造，清洁生产、燃料替代等工程减排、结构减排项目。"十三五"以来，公司累计实现节能504万吨标准煤、节水6959万立方米、节地7125公顷（1公顷=0.01平方千米），主要污染物排放量逐年下降，年均投入超1亿元用于环保公益事业，未发生重大及以上环境污染和生态破坏事故。2016—2021年中国石油环境保护重点数据如表4-5所示。

表4-5 2016—2021年中国石油环境保护重点数据[1]

环境业绩指标	2016年	2017年	2018年	2019年	2020年	2021年
节能量/万吨标准煤	95	88	86	82	79	74
节水量/万立方米	1339	1241	1213	1084	1033	1049
节地/公顷	1135	1180	1253	1247	1190	1120

三、生态保护取得成效

中国石油制定发布《生态保护行动纲要》《生态环境保护禁令》等规章制度，实施《强化黄河流域生态环境保护工作方案》三年行动，印发《关于进一步落实黄河流域、长江经济带生态环境保护工作方案

---

[1] 数据来源：中国石油天然气集团有限公司2016—2021社会责任报告。

要求的通知》，推进重点流域生态环境保护强化措施的实施。不断完善生物多样性保护管理制度和工作体系，建立各级党组织生态环境保护重大事项议事制度。全面开展生态环境隐患排查和治理，进一步加强危险废物过程监管，并把生物多样性风险评估纳入项目全生命周期管理。

中国石油积极探索建立自愿型生物多样性保护示范区，充分总结推广大庆油田生态示范区、长庆油田采油二厂产能区生态保护经验做法，为各企业做好生物多样性保护工作提供新借鉴；坚守生态保护红线，有序退出自然保护区，保护动植物自然栖息地。有序退出位于辽宁辽河口、天津大港湿地、新疆卡山等自然保护区和生态敏感区，开展生产设施关停退出和生态恢复工作。大力开展植树造林、生态环境修复等工作，生物多样性保护取得成效。"十三五"以来，公司未发生损害生物多样性相关事件，共新增绿地面积7610万平方米，共有322.57万人参加植树，共种植乔灌木1443.69万株。截至2021年年底，中国石油现有绿地总面积达到3亿平方米；累计有95个油气田生产单位入选国家、省级绿色矿山名录，位居央企前列。在国内13个省（市、自治区）累计建设碳汇林超过3亿亩（1亩≈666平方米）。

第三节　价值共享，促进社会和谐发展

面对世界百年变局和世纪疫情交织影响，中国石油主动融入时代发展，承担了比以往更多、更重、更紧迫的社会责任，做出了更大、更好、更突出的社会贡献。通过保障能源供应、提升客户消费者满意度、保障员工权益、与产业链伙伴合作共赢、履行企业公民责任等活动，中国石油实现与利益相关方价值共享，在保障和改善民生、促进社会公平正义方面发挥了重要作用，得到社会各界的广泛认可，彰显新时代央企的社会价值。

一、保障人民美好生活的能源需求

中国石油切实增强做好保供工作的责任感、使命感，紧盯供需形势变化，全力以赴、担当作为。公司克服新冠肺炎疫情影响，全力以赴保障春耕用油，全力做好劳动节、国庆节等假期服务保障工作，全力应对强降雨洪涝灾害，确保特殊时期的能源供应。随着国内天然气市场需求呈现增速快、峰值高、波动大等特点，天然气保供难度加大。公司统筹安排，不断增强供应调节的预见性和灵活性，确保调度工作运行平稳受控，最大限度释放国产气和储气库能力，保障了国内天然气平稳有序供应。中国石油2021年冬季保供期间累计向市场供应天然气超1000亿立方米，天然气日供气量峰值达到8.3亿立方米，供气量占全国的63%，创造了日产气量、储气库单日采气量、天然气日销量、资源接卸量等多项纪录，以实际行动扛起责任意识和担当精神，保障人民群众温暖过冬。

二、客户消费者满意度进一步提升

为客户提供极致服务，提高用户满意度，是中国石油销售业务长期以来追求的目标。中国石油持续提升消费体验，为消费者提供便捷高效的服务，注重服务质量管理提升，加强服务质量监督，不断提升终端顾客满意度。

1. 油品升级蹄疾步稳

中国石油持续提升高端高性能产品比例，传统能源产品绿色化进程稳步推进，已经完成国Ⅵa阶段汽油和国Ⅵ阶段柴油质量升级，全面供应国Ⅵ标准汽柴油，满足市场对高质量油品的需求。

2. 消费体验持续提升

中国石油持续提升消费体验，为消费者提供便捷高效的服务，不断完善服务网络。公司服务网络覆盖全国31个省（市、自治区）和香港特别行政区，销售能力超过1.1亿吨/年，每天服务消费者900万人次，在全国多地开展"油站+"服务，打造"人·车·生活"生态圈，为客户提供增值服务。截至2021年年底，国内运营加油站2.27万座，昆仑好客便利店2.02万座，每天服务消费900万人次；昆仑加油卡实名发卡量超过2.03亿张；累计有4100座加油站具备洗车功能；新增65座"司机之家"示范站。通过开展客户满意度测评和客户体验日等活动与消费者进行沟通与互动，以改进服务质量。顾客满意度综合测评得分持续提高，2021年客户回访满意度达97.8%，较2016年增长2.2%。

3. 打造服务新场景

中国石油加快布局综合能源服务站，打造服务新场景。截至2022年2月底，公司投运张家口太子城加氢站（综合能源服务站）和北京金龙综合能源补给站等8座加氢站、5座综合能源服务站，已有159座加油站开展充电业务、117座加油站开展光伏发电业务试点充电业务。

三、员工安全健康和职业发展更有保障

中国石油坚持"以人民为中心"，高度重视员工生命安全、身心健康和职业发展。

维护员工权益。公司不断完善安全环境管理体系，全面提高安全生产管理水平，保障员工的健康与安全。"十三五"以来，公司每年作业场所职业病危害因素检测率均超过98%，接触职业病危害员工职业健康体检率100%，员工职业健康监护档案建立率100%，心理健康咨询热线年服务时长均超过1000小时。公司2021年可记录事故总起数176起，较2016年下降34.8%，如表4-6所示。

中国石油：价值引领型社会责任管理

表4-6 2016—2021年中国石油安全生产重点数据[①]

安全生产重点数据	2016年	2017年	2018年	2019年	2020年	2021年
可记录事故总起数/起	270	283	214	249	176	176
职业健康体检率/%	98	98.5	99.97	99.62	99.23	100
心理健康咨询热线服务时长/小时	1034	1289	1200	1200	2017	1228

重视员工发展。大力实施人才强企工程，深化人才发展体制机制改革，为员工实现自我价值提供更广阔空间。公司实行"两级计划、三级培训"管理机制，有力保障员工培训覆盖面和实效性，"十三五"以来，累计投入经费达102.8亿元，一线员工培训率达100%，如表4-7所示。

表4-7 2016—2021年中国石油员工成长重点数据

员工成长指标	2016年	2017年	2018年	2019年	2020年	2021年
投入培训经费/亿元	14.9	16	22.4	19.8	14.5	15.2
培训员工人次/万人次	109	99.3	80	102.3	69.3	31.8
一线员工培训率/%	100	100	100	100	100	100

---

① ②数据来源：中国石油天然气集团有限公司2016—2021社会责任报告。

四、产业链伙伴合作共赢迈上新台阶

中国石油秉承开放精神和互利共赢理念，积极推进国际油气合作。截至 2021 年年底，公司在全球 32 个国家管理运作 90 个油气合作项目，构建起涵盖中亚—俄罗斯、中东、非洲、美洲和亚太五大油气合作区的生产网络。2021 年度油气权益产量的 83% 产量来自"一带一路"沿线国家，有效保障了中国西北、东北、西南和东部海上四大油气通道的能源供应安全。

中国石油坚持全球寻源、开放合作、资源共享、互惠双赢的供应商管理理念，关注供应商健康、安全、环保和合规操作，在绿色采购、可持续发展等多方面开展积极交流，提升供应链的协同水平。在 2021 年亚洲油气行业评选中获得"最佳投资者关系企业""最佳投资者关系团队""最佳环境、社会及公司治理（ESG）"等多项殊荣。

五、企业公民责任履行更加有力

中国石油始终心存为民情怀，践行责任意识和担当精神。"十三五"以来，全球主要社会公益总投入超 48 亿元。脱贫攻坚期间，中国石油坚持"脱贫攻坚路上，一个都不能少"，不断探索具有中国石油特色且行之有效的扶贫模式和路径。2021 年，中国石油持续推进巩固脱贫攻坚成果，实现脱贫攻坚与乡村振兴的有机衔接。"十三五"以来，中国石油在全国 25 个省市区 222 个村投入帮扶资金超 29 亿元，援建帮扶项目 3785 个（不包括 2021 年），派出帮扶干部 8111 人，惠及群众超 50 万人。通过消费帮扶，购销帮扶地区农产品超 9 亿元；构建帮扶生态圈，引进 130 家帮扶企业，扶持龙头企业和农村合作社 508 个，培训基层干部、致富带头人及专业技术人员超过 7 万人，如表 4-8 所示。

表 4-8　2016—2021 年中国石油社会公益重点数据[①]

社会公益重点数据	2016 年	2017 年	2018 年	2019 年	2020 年	2021 年
全球主要社会公益总投入/万元	62140.6	108572	72092.6	85432	71795	80779
——帮扶/万元	19767.4	21817	23291	24388	23224	40291
——赈灾捐赠/万元	191.9	7975	1154	4421	1271	4784
——支持教育/万元	8955.9	10091.9	4937	8269	10544	7396
——公益捐赠/万元	23984.5	46611.8	37806.6	43933	30264	24189
——环保公益/万元	9240.9	22076.3	4904	4421	6492	4119

六、获得社会广泛认可

中国石油践行企业公民理念、提升责任管理和加强利益相关方沟通，在深耕能源与环境、社会可持续发展的践行中不断累积经验，凭借卓越的表现得到了社会各方特别是利益相关方的赞誉和认可，展现了中国石油共筑人类命运共同体的责任与担当。

1. 来自政府的认可

中国石油凭借在公益慈善和脱贫攻坚等工作中的突出表现，多次获得国务院、民政部、共青团中央、外交部等国家部委的认可。获得国家民政部颁发的第九届、第十届和第十一届"中华慈善奖"，该奖项是中国公益慈善领域最高政府奖；中国石油湖北销售武汉分公司宏图大道加

[①] 数据来源：中国石油天然气集团有限公司 2016—2021 社会责任报告。

油站被授予"全国抗击新冠肺炎疫情先进集体"称号；获得由共青团中央、中国青年志愿者协会颁发的第十一届和第十二届"中国青年志愿者优秀组织奖"和第十三届"中国青年志愿者优秀个人奖"；在国务院扶贫开发领导小组主办的2020年脱贫攻坚表彰大会上，凭借在消除贫困方面的突出贡献，获评"脱贫攻坚奖组织创新奖"；获国务院国资委授予的2013年度"中央企业扶贫开发先进单位"称号；获国务院扶贫开发领导小组授予的2013年度"中央国家机关扶贫先进集体"；获得外交部授予的2012年度"优秀合作伙伴单位"称号；凭借在河南"7·20"防汛抢险和陇东、陕北旱情救助工作中的突出表现，中国石油救援队获国家安全生产应急救援中心表彰。

2. 来自媒体的赞誉

中国石油连续11年荣获中国新闻社、《中国新闻周刊》颁发的"中国低碳榜样"称号，成为获得该奖项次数最多的能源央企之一；在中国经营报社主办的中国企业竞争力年会上，凭借在新能源业务与油气业务协同发展的优秀表现，荣获2021年"年度碳中和典范企业"，成为获奖的5家企业中唯一的能源央企；连续6次被《机构投资者》评为亚洲"最受尊敬企业"；连续7年在中国新闻社、《中国新闻周刊》主办的"中国·企业社会责任国际论坛"上，获评"年度责任企业"；荣获《亚洲企业管治》杂志颁发的第十一届"亚洲卓越成就奖"的"最佳环保责任企业"；荣获证券时报社主办的"第十四届中国上市公司价值评选"的"社会责任奖"；在新华网主办的第十一届中国企业社会责任峰会暨2018中国社会责任公益峰会上，获"社会责任特别贡献奖"；中国石油"'旭航'助学自主公益项目"荣获"搜索中国正能量点赞2016优秀精准扶贫项目"称号。

3. 来自行业协会与机构的肯定

中国石油"尼日尔上下游一体化项目""中国—中亚天然气管道

ABC线""俄罗斯亚马尔液化天然气合作项目"在第二届"一带一路"能源部长会议上，获能源国际合作最佳实践案例；在品牌评级权威机构Chnbrand发布2020年中国SM（C-BPI）品牌排名报告中，中国石油荣获批发零售业加油站品类年度第一，创造了全国品牌力指数连续4年居于榜首的纪录；凭借在可持续生产和消费方面的成功实践，被联合国全球契约中国网络授予"2019实现可持续发展目标企业最佳实践（可持续生产和消费）"荣誉称号；获得中国品牌评级权威机构Chnbrand颁发的"2017中国全面品牌价值管理大奖"，中国石油加油站满意指数连续4年位居国内同行业首位；荣获国际员工帮助专业协会（EAPA）授予的2016年员工帮助计划（EAP）质量大奖（Quality Award）；"西气东输管道一线工程"获得国际咨询工程师联合会授予的"菲迪克2014年工程项目优秀奖"，该奖项被称为世界工程咨询界的"诺贝尔奖"。

4. 来自海外的嘉奖

2022年，凭借对印度尼西亚当地社区发展的突出贡献，获得印度尼西亚政府授予的"可持续发展目标奖（ISDA）"金奖。在"一带一路"沿线国家获得环保类奖项30余项：中国石油卡沙甘项目作业公司获得哈萨克斯坦总理萨金塔耶夫颁发的2018年度"帕鲁兹"金奖，并获授"最具社会责任企业"称号；凭借突出的社会经济贡献，获得哈萨克斯坦"2017年度企业社会贡献特等奖"；获得哈萨克斯坦总统纳扎尔巴耶夫签发的哈萨克斯坦共和国国家二级"友谊勋章"；获得印度尼西亚政府授予的2015年度印度尼西亚"本土化份额履行承诺奖"；获得坦桑尼亚2015年度"杰出贡献奖"；获得哈萨克斯坦"2015年度企业责任总统奖"；获得阿曼2015年度"履行社会责任最佳单位奖"。

第五章

展望：持续改进，
增添可持续未来新动能

第五章 展望：持续改进，增添可持续未来新动能

展望未来，中国石油将全面贯彻新发展理念，服务和融入新发展格局，牢牢把握稳中求进的工作总基调，着力发展主营业务，强化改革创新、绿色转型和风险防范，全力开创高质量发展新局面，为保障国家能源安全、经济社会发展做出新贡献。以可持续发展理念为引领，实现经济、社会和环境综合价值最大化，不断深化价值引领型社会责任管理，全面提升社会责任能力和成效，进一步发挥表率作用，致力于成为世界一流综合性能源公司，更好地造福人民。

第一节 为经济社会环境可持续发展作贡献

"十四五"时期是中国踏上全面建设社会主义现代化国家、向第二个百年奋斗目标进军新征程的重要阶段。面对复杂多变的国内外环境，中国石油坚持稳中求进，实施创新、资源、市场、国际化和绿色低碳战略，持续增强可持续发展能力，持续贡献经济、社会、环境可持续发展，为全球能源转型、中国能源革命及碳达峰、碳中和目标贡献石油力量。

中国石油将持续贡献经济发展。公司将以强化开发方案全周期管理、开展开发策略研究和实施整体优化部署作为重点，不断提升海外油气田开发水平和开发效益。开展提质增效专项行动，通过优化商务和技术管理，加强成本控制，强化钻井提速提效工作，不断提高产量和降低作业成本，实现公司经济效益的提升。同时，中国石油始终应对环境挑战、满足不断增长的清洁低碳能源需求，将持续提高油气资源开发和利用效率，大力发展天然气产业，积极拓展新能源新材料业务，不断增加清洁能源在能源供应中的比重，加快建立清洁低碳安全高效的现代能源

供应体系，为能源强国建设做出贡献，支持国家经济的高质量发展，为人类社会繁荣发展做出新的贡献。

中国石油将持续贡献环境保护。能源结构向绿色低碳转型已经成为全球共识，可再生能源行业在全球能源结构绿色转型趋势中发展迅速。作为油气行业的主要参与者、中国最大的油气生产供应商，中国石油将持续贡献能源转型，探索新能源，减少碳排放，助力"碳中和"目标实现，始终致力于与政府、产业链上不同企业积极开展合作，在满足未来能源需求的同时，努力提供清洁低碳、安全高效的能源，应对气候变化，共筑可持续的能源未来。公司将积极响应联合国《2030年可持续发展议程》《生物多样性公约》等全球倡议和国际公约，以及中国政府《关于进一步加强生物多样性保护的意见》，严格执行国际国内相关法律法规，助力"保护、恢复和可持续利用生态系统，遏制生物多样性丧失"目标的实现，致力于减少生产运营可能给生态环境和生物多样性带来的潜在影响。与环境和谐共生，努力成为引领行业绿色转型的典范，努力成为奉献清洁能源和建设生态文明的主力军。

中国石油将持续为社会进步做出贡献。公司将创造与员工、合作伙伴、社区等利益相关方的共享价值，共筑人类命运共同体。坚持以人为本的理念，大力实施人才强企工程，保障员工合法权益，为员工搭建良好的成长平台，积极改善员工生产生活条件，关注员工身心健康，努力将企业发展成果更多、更公平地惠及员工。积极回馈社会，热心参与公益事业，坚持开展捐资助学、赈灾救危和员工志愿者活动，响应国家政策号召，持续做好乡村振兴工作。始终坚持将企业发展与业务所在地可持续发展结合起来，关注民生和社会进步，与当地分享发展机遇和资源价值，积极参与社区建设，在企地和谐发展中保障能源供应、促进民生改善，通过项目开发建设促进当地就业，做优秀企业公民，支持地方经济社会和谐发展，为乡村振兴和两个一百年目标贡献石油力量，实现公司与各利益相关方的共商、共建、共享、共赢。

第二节　助力世界一流综合性能源公司建设

中国石油将立足新发展阶段，贯彻新发展理念，融入新发展格局，在可持续发展理念引领下，实施创新、资源、市场、国际化和绿色低碳战略，努力在科技自立自强、业务提质增效、绿色低碳转型、完善公司治理等方面开辟新局、稳健起步，持续推进世界一流综合性能源公司建设，为保障国家能源安全、经济社会发展做出新贡献。

中国石油将把创新战略放在更突出的核心位置，将科技自主创新作为能源发展的战略支撑，驱动实现能源科技高水平自立自强；积极响应数字化转型、智能化发展要求，明确到2025年基本建成"数字中国石油"的总体目标。公司将围绕产业链打造创新链，依靠创新链提升价值链，以创新驱动高质量供给，解决平等获取能源、降低碳排放、提高能效等全球性问题。坚持推进科技创新体系建设，建立多层次、多方向的科技研发体系，支撑各业务单元发展构建形成以企业为主体、市场为导向、产学研用深度融合的技术创新体系和科技创新平台，支撑引领能源行业高质量发展，推动建设国家战略科技力量，打造世界能源科技中心和创新高地。公司将坚定不移推进深化改革，落实公司改革"三年行动"实施方案，把深化改革成果转化为专业化发展、市场化运作优势，优化完善公司治理六大体系，把数字化转型作为推进公司治理体系和治理能力现代化的重大战略举措，大力推动互联网、大数据、人工智能等与油气业务融合应用，着力培育新的增长点，加快形成新动能，驱动公司高质量发展，努力打造开放共享的智慧能源与化工产业生态圈，担起建设数字中国主力军的历史重任。

中国石油将坚定实施资源战略，增强油气供给，为保障国家能源安全贡献力量。公司立足两个市场、两种资源，坚持稳油增气、常规非常规并举，大力提升油气勘探开发力度，不断深化国际油气合作，落实国家保链稳链工程，巩固发展国内原油产量 1 亿吨、天然气产量当量 1 亿吨、海外油气权益产量当量 1 亿吨"3 个 1 亿吨"供给格局，优化完善东北、西北、西南、海上四大油气通道，提升多元化配置全球资源的能力，加快新能源业务发展，加强上下游、国内外、供产销协调联动，维护油气产业链供应链安全稳定，助力公司创建世界一流综合性能源公司，夯实建设能源强国的油气资源基础。

中国石油将坚持市场导向，降本增效，提高企业的效率和管理水平。增加企业生产经营的灵活性，包括产业链的结构调整、产品结构调整等，形成灵活的市场反应机制。开展提质增效专项行动，及时优化工作部署，发挥上下游一体化优势，建立了协调有力的国际业务新冠肺炎疫情防控工作机制，在保障员工健康安全的基础上，实现国际油气投资业务生产安全平稳，经营上实现净利润和净现金流为正，为公司创建世界一流综合性能源公司打好基础。

中国石油将落实国际化战略，坚持深化合作，实现能源全球化配置。公司将扩大"开放合作朋友圈"，拓展合作新方向。继续秉持优势互补、互利共赢的理念，坚定不移走"国际化"道路，借助"一带一路"拓宽能源合作领域，扩大"开放合作朋友圈"，提升跨国指数，为世界经济贸易复苏与发展贡献中国智慧、石油力量。主动参与全球产业链重塑再造，在天然气及 LNG 一体化、页岩油气开发和深水超深水等重点业务领域加快合作步伐，加大研发设计、营销服务、品牌运营等环节的合作力度，优化全球资源配置，拓展合作新方向。扩大与"一带一路"沿线国家的油气合作，深度参与全球能源治理，推动构建能源合作利益共同体。

中国石油将落实绿色低碳战略，坚持"3060"目标下的绿色低碳

第五章 展望：持续改进，增添可持续未来新动能

发展路径，着力实现绿色发展，推动"双碳"目标实现。公司将持续提升天然气供应能力，形成以油气为主、多能互补的绿色发展增长极，积极推动化石能源与新能源全面融合发展的"低碳能源生态圈"建设。加快推进以高效、清洁、低碳、多元化为主要特征的能源转型进程，不断探索新的低碳商业模式，大力发展新能源、新材料，推动传统业务减排脱碳。继续支持地热资源规模开发，加大生物质能研究与应用支持，研究布局全氢产业链，因地制宜推进清洁能源的开发和利用，加快建成碳捕获、利用与封存（CCUS）示范项目，打造绿色低碳能源产业增长极，打造世界一流综合性能源公司建设的绿色新优势，力争2050年左右实现"近零"排放，助力中国在2060年前实现碳中和。

九万里风鹏正举，新征程砥砺初心。中国石油将始终以习近平新时代中国特色社会主义思想为指导，全面贯彻新发展理念，服务和融入新发展格局，牢牢把握稳中求进工作总基调，着力发展主营业务、强化改革创新、绿色转型和风险防范，积极履行社会责任，全力开创高质量发展新局面，为保障国家能源安全、促进经济社会发展做出新的更大贡献。

附　录

中国石油社会责任大事记和责任荣誉

社会责任大事记

2006 年

- 建立企业社会责任报告发布制度。
- 开通企业社会责任信箱（csr@cnpc.com.cn）。

2007 年

- 发布首份社会责任报告《中国石油天然气集团 2006 年企业社会责任报告》并首次披露公司社会责任量化业绩指标，是中央企业中最早发布社会责任报告的企业之一。
- 开展中国石油企业社会责任专项课题研究，对责任范畴和责任指标体系等进行了系统分析研究。
- 与国家林业局、中国绿化基金会共同发起成立中国绿色碳基金，支持开展以吸收固定大气中二氧化碳为目的的植树造林和能源林基地建设。

2008 年

- 举办"责任·动力"企业社会责任论坛。
- 首次在报告中披露社会责任理念和可持续发展模式。
- 公司"环境与社会"子网站上线。
- 与天津产权交易中心、芝加哥气候交易所联合设立天津排放权交易所，搭建了碳减排国际化交易平台。

2009 年

- 首次发布《中国石油（哈萨克斯坦）可持续发展报告》。
- 引入利益相关方参与机制。

2010 年

- 成立社会责任外部专家委员会，倾听专家对公司社会责任管理工作和社会责任报告持续改进的意见和建议。
- 首次发布《中国石油在苏丹》报告。
- 开展企业社会责任优秀实践案例推选工作。

2011 年

- 成立社会责任管理工作委员会，设立外部专家咨询组。
- 发布《中国石油在印度尼西亚》企业社会责任专题报告。
- 编制《中国石油2010优秀社会责任实践案例集》。

2012 年

- 开展社会责任指标体系及社会责任指引相关研究。
- 编制《中国石油2011优秀社会责任实践案例集》。

2013 年

- 发布《中国石油在拉美》企业社会责任专题报告。
- 编制《中国石油2012优秀社会责任实践案例集》。

2014 年

- 开展社会公益管理相关研究。

- 发布《中国石油履行社会责任指引》。
- 发布《西气东输（2002—2013）企业社会责任专题报告》。

2015 年

- 编制《中国石油 2014 优秀社会责任实践案例集》。

2016 年

- 发布《中国石油扶贫开发（2006—2015）企业社会责任专题报告》。

2017 年

- 发布《中缅油气管道（缅甸）企业社会责任专题报告》。
- 编制《中国石油 2016 优秀社会责任实践案例集》。

2018 年

- 编制《中国石油 2017 优秀社会责任实践案例集》。

2019 年

- 发布《中国石油在伊拉克》企业社会责任专题报告。

2020 年

- 发布《中国石油扶贫开发（2016—2020）企业社会责任专题报告》。

责任荣誉

2005 年

· 获得中华人民共和国民政部授予的"中华慈善奖"。

2006 年

· 荣获由人民网组织评选的 2006 年度"人民社会责任奖"。

· 在国家统计局、中国石油和化学工业协会联合发布的 2006 年度中国石油和化工经营业绩前百家企业中，列"企业竞争力"第一位。

· 西气东输管道工程和新疆石西油田开发建设工程荣获我国建设项目环境保护的最高奖项"国家环境友好工程奖"。

· 辽河油田欢喜岭采油厂获得国内企业在环境保护方面的最高荣誉——"国家环境友好企业"称号。

2007 年

· 荣获"中华慈善事业突出贡献奖"。

· 再度荣获由人民网组织评选的 2007 年度"人民社会责任奖"。

· 在胡润百富第三次发布的中国企业社会责任 50 强中排名榜首，在捐款金额、就业人数、纳税金额三个单项指标均名列第一。

· 获得由中国绿化基金会颁发的"中国绿化公益事业特别贡献奖"。

· 入选由国务院国资委、美国合益集团和《财富》杂志联合评选的"全球最受赞赏的公司"，获得"中国地区最受赞赏公司"。

· 中国石油天然气管道局荣获由中国企业改革与发展研究会和全国企业自主创新审定委员会评选的"中国功勋企业"称号。

·中国石油股份公司申报的《大型跨国石油企业内部控制体系的构建与运行》获得由全国企业管理现代化创新成果审定委员会评选的"第十四届全国企业管理现代化创新成果"一等奖。

2008 年

·连续第三年荣获由人民网组织评选的"人民社会责任奖"。

·中油国际（PK）有限责任公司荣获哈萨克斯坦总统纳扎尔巴耶夫颁发的"最佳企业奖"银奖。

·荣获国务院扶贫领导小组授予的"中央国家机关等单位定点扶贫先进单位"称号。

·在全国抗震救灾总结表彰大会上，有 6 个先进集体、10 名先进个人、4 个先进基层党组织、5 名优秀共产党员受到表彰，其中，中国石油四川销售分公司荣获中共中央、国务院、中央军委授予的"全国抗震救灾英雄集体"称号。

·中国石油"塔里木沙漠公路防护林生态工程"获得建设项目政府最高环保奖——"国家环境友好工程奖"。

·中国石油"塔里木沙漠公路防护林生态工程建设技术开发与应用"项目与中国石油辽河油田"稠油污水循环利用技术与应用"获得2008 年"中国国家科技"进步奖。

2009 年

·获得国务院授予的"全国民族团结进步模范集体奖"。

·荣获全国绿化委员会、国家林业局、中国绿化基金会联合颁发的"中国生态贡献奖"。

·荣获中国绿化基金会、全国绿化委员会、澳门中华教育会、北京人民广播电台、中国少年儿童杂志社联合颁发的"华夏绿洲助学行动"

中国石油：价值引领型社会责任管理

特殊贡献奖。

·中国石油吉林油田、新疆油田被中华慈善总会授予"中华慈善突出贡献企业奖"。

·中油国际（PK）有限责任公司因长期以来在哈萨克斯坦出色组织、协调成品油运销，有效保证了社会保障领域供油，被哈萨克斯坦交通部授予"最佳铁路承运商"称号。这是哈萨克斯坦铁路运输系统授予乘运商的最高奖项。

·中油阿克纠宾油气股份公司在哈萨克斯坦首府阿斯塔纳举办的哈萨克斯坦"义务"杯企业社会责任竞赛中，凭"让那若尔-KC13管道工程项目"夺得2009年度哈萨克斯坦"国家最佳社会项目银质奖"。

·中油国际（PK）有限责任公司荣获哈萨克斯坦石油工业环保最高奖——"金普罗米修斯国家奖"。该奖是为表彰每年环保表现最杰出企业的国家大奖。

·"对口扶贫西藏，贫困牧区变'藏北明珠'"入选国资委2009年度"中央企业优秀社会责任实践"。

·中国石油天然气股份有限公司名列2009年度《南方周末》评选的"中国国有上市企业经济责任榜"第一位和"2009年中国国有上市企业社会责任榜"第一位。

2010年

·获得人力资源和社会保障部、国家发改委授予的"国家西部大开发突出贡献集体"荣誉称号。

·获得国务院国资委授予的2007—2009年任期考核"节能减排特别奖"。

·在新华社、《中国证券报》等单位共同举办的2010年度中国企业社会责任峰会上，荣获2010"中国企业社会责任榜杰出企业奖"。

·在希望工程20年表彰大会上，甘肃销售分公司被授予"希望工程20年杰出公益伙伴贡献奖"荣誉称号。

·中油阿克纠宾油气股份公司获得由哈萨克斯坦总统纳扎尔巴耶夫亲自颁发的"2010年度企业社会贡献特等奖"称号。

2011年

·荣获"中国扶贫杰出企业奖"。

·荣获"中央企业参与2010年上海世博会突出贡献奖"。

·被授予"北京市专利示范单位"。

·荣获"'十一五'中央企业节能减排优秀企业"称号。

·被授予"全国纪检监察系统先进集体"称号。

·在中央企业社会责任工作会议上，中国石油"推进节能减排，做低碳先锋""开拓扶贫新思路，共建和谐新疆"两项实践案例被国资委评为"优秀社会责任实践奖"。

·中国石油哈萨克斯坦公司PK项目荣获哈萨克斯坦能源协会颁发的"可持续发展企业奖"，以表彰公司在哈萨克斯坦履行社会责任方面做出的贡献。

·中国石油哈萨克斯坦公司PK项目获得哈萨克斯坦"企业社会贡献总统金奖"。

2012年

·获中国妇女慈善奖最高奖——"典范奖"。

·获得中国扶贫基金会授予的"新长城教育扶贫突出贡献单位"称号。

·获得外交部授予的"优秀合作伙伴单位"称号。

- 在全国造林绿化表彰动员大会上，大庆油田和兰州石化获得"国土绿化突出贡献单位"称号。
- 《2011企业社会责任报告》获得"金蜜蜂2012优秀企业社会责任报告·领袖型企业"和"长青奖"两项殊荣。

2013年

- 获国务院国资委授予的"中央企业扶贫开发先进单位"称号。
- 获国务院扶贫开发领导小组授予的"中央国家机关扶贫先进集体"称号。
- 获国务院国资委2010—2012年任期"节能减排优秀企业奖"。
- 连续三年获得由中国新闻社主办的"低碳发展·绿色生活"公益影像展"中国低碳榜样"奖项。

2014年

- 连续第四年获得由中国新闻社、《中国新闻周刊》主办的"低碳发展·绿色生活"公益展"中国低碳榜样"奖项。
- "西气东输管道一线工程"获得国际咨询工程师联合会授予的"菲迪克2014年工程项目优秀奖"。该奖项被称为世界工程咨询界的"诺贝尔奖"。
- 大连液化天然气项目获得中国施工企业管理协会授予的"2013—2014年度国家优质工程金质奖"。这是目前国内LNG行业首个"国家优质工程金质奖"。

2015年

- 荣获民政部第九届中华慈善奖"最具爱心捐赠企业"称号。
- 获得哈萨克斯坦"2015年度企业责任总统奖"。

- 获得坦桑尼亚"杰出贡献奖"。
- 获得阿曼"履行社会责任最佳单位奖"。

2016 年

- 获得 2016 年度"国际 EAP 质量奖"。
- 获得"中国青年志愿者优秀组织奖"。
- 获得印度尼西亚政府授予的"2015 年度印度尼西亚本土化份额履行承诺奖"。
- 获得哈萨克斯坦总统纳扎尔巴耶夫签发的哈萨克斯坦共和国国家二级"友谊勋章"。

2017 年

- Chnbrand 2017 年中国顾客满意度指数 SM（C–CSI®）加油站满意度排名在国内同行业居第 1 位。
- 中国石"'旭航'助学自主公益项目"荣获"搜索中国正能量点赞 2016 优秀精准扶贫项目"称号。
- 年度品牌力（C–BPI）、顾客推荐度（C–NPS）在"2017 中国全面品牌价值管理大奖"中位居行业榜首，同时获得"2017 中国全面品牌价值管理大奖"。
- 在哈萨克斯坦凭借突出的社会经济贡献，获得"2017 年度企业社会贡献特等奖"。

2018 年

- 再获由国家民政部颁发的"中华慈善奖"。
- 在国务院国资委新闻中心举办的第六届中国企业新媒体年会上，获"2018 年度中央企业最具影响力新媒体账号"称号。

- 在新华网主办的第十一届中国企业社会责任峰会暨2018中国社会责任公益峰会上，获"社会责任特别贡献奖"。
- 在中国新闻社、《中国新闻周刊》主办的第十四届中国·企业社会责任国际论坛上，获评"2018年度责任企业"称号。
- 哈萨克斯坦总理萨金塔耶夫向中国石油在哈萨克斯坦的卡沙甘项目作业公司颁发2018年度"帕鲁兹"金奖，并授予"最具社会责任企业"称号。

2019年

- 在中国新闻社、《中国新闻周刊》主办的第十五届中国·企业社会责任国际论坛上，获评"2019年度责任企业"称号。
- 获国务院国资委2016—2018年任期"节能减排突出贡献企业"称号。

2020年

- 在中国新闻社、《中国新闻周刊》主办的第十六届中国·企业社会责任国际论坛上，获评"2020年度责任企业"。
- 在国务院扶贫开发领导小组主办的脱贫攻坚表彰大会上，凭借在消除贫困方面的突出贡献，获评"脱贫攻坚奖组织创新奖"。

2021年

- 获得2021年"全国五一劳动奖"。
- 获得2021年"全国工人先锋号"荣誉。
- 获得《亚洲企业管治》杂志颁发的第十一届"亚洲卓越成就奖"，荣获其中"最佳投资者关系企业""最佳环保责任企业""亚洲最佳CFO""最佳投资者关系负责人"四项奖项。

·在 2021 年第十九届"中国企业竞争力年会周"上举办的"2021 中国能源碳中和先锋评选"活动中荣获"年度碳中和典范企业"。

·在第二届"一带一路"能源部长会议上，中国石油 3 个项目获"能源国际合作最佳实践案例"。